Max Fluri
Der Finanzplatz trügt

Max Fluri

DER FINANZPLATZ TRÜGT

Der
Frankenkurs
und seine
Konsequenzen

Nova Press *Edition*
Zürich, München, Wien, Genf

© 1977 1. Auflage
Nova-Press AG Zürich, München, Wien, Genf

Alle Rechte, insbesondere die der Übersetzung, der photomechanischen und klangmechanischen Wiedergabe, sowie die Rechte für Film, Fernsehen und Rundfunk, vorbehalten. Abdrucksrechte für Zeitungen und Zeitschriften durch den Verlag, der auch über die Rechte der Lizenzausgaben usw. verfügt.

Printed in Switzerland

ISBN 3-85826-008-8

Inhaltsverzeichnis

	Seite
Vorwort	9

1. Ursachen des hohen Schweizerfrankenkurses

Die Schweiz ist ein kleines Land	12
Fläche	
Einwohner	
Die Schweiz ist ein grosses Land	16
Bruttosozialprodukt	
Warenexport	
Die Schweiz ist eine Supermacht	20
Kapitalverkehr	
Bilanzsummen aller Banken	
Politik und die Rolle des Finanzplatzes Schweiz	25
Die Sorge um die schweizerische Wirtschaft	34
Macht und Ohnmacht des Bundes	38
Die Schweiz im schiefen Licht	51
Die Schweiz – ein sicheres Gläubigerland	60

2. Wirkungsvolle Massnahme zur Senkung des Frankenkurses

Der Damm gegen die Geldflut	65
Was heisst Devisenkontrolle?	66
Kein Widerspruch zur freien Marktwirtschaft	70
Die Währung ist keine Ware	75
Nur eine Selbsthilfemassnahme	80

3. Folgen solcher Massnahmen

Die Reaktion unserer Handelspartner	85
Schweizerfrankenkurs und Rezession	86
Einfluss der Exportindustrie und des Fremdenverkehrs auf die schweizerische Wirtschaft	105
Die Frage der Abwertung	107

4. Das Fazit 112

Anhang

Ursache der internationalen Krise
    Ursprung der Krise 115
    Falsche Stabilitätspolitik 118

Verzeichnisse

Fachwörterverzeichnis 122
Tabellenverzeichnis 126
Literaturverzeichnis 127

Zielsetzung:

Das Ziel dieses Buches ist, National- und Ständeräten, Arbeitgebern und Arbeitnehmern sowie allen übrigen Interessierten die Möglichkeit zu bieten, in den Diskussionen um den hohen Schweizerfrankenkurs mitreden und den verantwortlichen Behörden einen handfesten Alternativvorschlag unterbreiten zu können.

Widmung:

Dieses Buch ist allen Arbeitnehmern und Unternehmern der schweizerischen Exportindustrie und des Fremdenverkehrs gewidmet.

Dank:

Von Herzen danke ich den vielen Helfern bei der Sammlung von Unterlagen und statistischen Angaben sowie bei der Beurteilung der richtigen Darstellung des Sachverhaltes. Speziell danke ich den Botschaften der Vereinigten Staaten von Amerika und der Bundesrepublik Deutschland in Bern sowie den Handelsabteilungen dieser Länder in Washington und Bonn für die mir gelieferten Daten.

Vorwort

In den USA, wie in der Schweiz und in vielen anderen Ländern, herrschte in den Jahren 1973/74 eine Käufereuphorie wie kaum je zuvor, angeheizt durch die höchsten Inflationsraten. Die Wirtschaft lief auf Hochtouren. Der Konsument hatte Geld, und er gab es aus, lieber heute als morgen. Vielfach hatte er erlebt, dass das Gewünschte anderntags einige Prozente mehr kostete. Durch solche Erfahrungen angestachelt, kaufte er alles, zu jedem Preis.

Das alte Sprichwort «allzu viel ist ungesund» hat sich auch diesmal bewahrheitet. Die Regierungen zogen an der Inflationsbremse, indem sie die Geldmenge verringerten, die Kredite, die Importe, die Lizenzen oder Devisenzuteilungen u.a.m. beschränkten. Damit wurde aber nicht nur die Inflation, sondern die ganze Wirtschaft der westlichen Welt gebremst.

Ein grosser Teil der in der Wirtschaft Tätigen wurde durch die starke Bremsung aufgerüttelt. Die Bestellungseingänge sackten je nach Branche um 25, 50 und sogar 75% ab. Verschiedene Unternehmen kamen ins Schleudern. Es gab Arbeitslose. Der Konsument wurde preisbewusst, das Warenangebot reichhaltiger denn je. Ein weltweiter Konkurrenzkampf begann in unglaublicher Schärfe. Dabei ist der Preis nicht allein ausschlaggebend, aber er muss stimmen.

In dieser weltwirtschaftlichen Landschaft muss sich die Schweizerindustrie mit einem immer höher steigenden Frankenkurs behaupten (der exportgewichtete Aufwertungssatz betrug Ende 1974 40% und Ende Mai 1976 über 60%). Obwohl die Löhne 1975/76 einigermassen stabil blieben, stiegen die Stückkosten durch den Kapazitätsrückgang in den meisten Betrieben stark an. Die schweizerische Exportindustrie musste nicht nur einen beachtlichen Teil des gestiegenen Frankenkurses durch

Preissenkungen, sondern auch noch die erhöhten Stückkosten auffangen. Von dieser Situation sind Industrien, die Konsumgüter herstellen, am stärksten betroffen. Wie konnten sie die letzten zwei Jahre durchstehen? In vielen Mittel- und Kleinbetrieben haben die Arbeitnehmer durch Lohnreduktionen einen nicht zu unterschätzenden Anteil beigesteuert. Der grosse Rest musste als Verlust ausgewiesen oder mit Reserven, die in den guten Konjunkturjahren angelegt wurden, abgedeckt werden. Die weiter entstehenden Verluste sind enorm, und es ist noch kein Ende abzusehen. Die von der Fédération Horlogère eingesetzte Kommission hat die Substanzverluste, die in der schweizerischen Uhrenindustrie entstehen, täglich auf über eine Million Franken geschätzt. Die Textil- und andere Industrien versuchen, von zwei Übeln nur eines in Kauf zu nehmen, indem sie ihre Kapazitäten mit Aufträgen zu niedrigen Preisen füllen. Trotzdem müssen sie teilweise beachtliche Substanzverluste buchen.

Es ist nicht verwunderlich, dass die Exportindustrie und ihre Arbeitnehmer nach Massnahmen rufen, die den Frankenkurs in ein günstigeres Verhältnis zu den anderen Währungen bringen. Entsprechende Vorschläge, wie etwa die Einführung eines gespaltenen Kurses, wurden aus prinzipiellen Gründen und eine Abwertung aus Gründen der Undurchführbarkeit abgelehnt. Die vom Bund und der Nationalbank getroffenen Massnahmen und Interventionen brachten keine Lösung. Sie verhinderten lediglich, dass der Frankenkurs noch weiter anstieg.

In allen Diskussionen um den Frankenkurs zwischen Verbandsspitzen und Bund oder Nationalbank sowie zwischen Bundesrat und National- oder Ständerat waren die Behörden als Sachverständige stets die Obsiegenden. Sie machten glaubhaft, es gebe keine anderen Möglichkeiten als die bereits eingeleiteten, um den Frankenkurs in ein günstigeres Verhältnis zu bringen.

Dieses Buch zeigt einen gangbaren Weg zur Stabilisierung des Frankenkurses mit einem für die Exportindustrie tragbaren Kursverhältnis zu den übrigen Währungen. Wenn ein beachtlicher Teil der Exportindustrie, die immerhin einen Drittel an das Bruttosozialprodukt beiträgt und das Wohlergehen der übrigen Wirtschaft beeinflusst, täglich riesige Summen an Substanz verliert, ist es an der Zeit, Nothilfemassnahmen von behördlicher Seite einzuleiten und nicht zuzuwarten, bis eine Reihe von Unternehmungen oder ganze Industriebranchen kapitulieren müssen. Die Leidtragenden wären nicht nur die betroffenen Unternehmungen, sondern in noch stärkerem Ausmass ihre Arbeitnehmer, ja ganze Industrieregionen.

1. Ursachen des hohen Schweizerfrankenkurses

Die Schweiz ist ein kleines Land

Fläche:

Die Schweiz umfasst 41 288 km^2
Die Bundesrepublik Deutschland ist mit ihren
248 577 km^2 6 mal und
die Vereinigten Staaten von Amerika sind mit ihren
9 363 393 km^2 227 mal grösser.

Verhältnis der Fläche: 1 : 6 : 227

	CH	BRD	USA
	—	▪	█
			13

Einwohner:

Die Schweiz zählte Ende 1974 6 376 000 Einwohner
Die Bundesrepublik Deutschland meldete 62 034 000 oder 9,73 mal mehr und
die USA 211 894 000 oder 33,23 mal mehr.

Verhältnis der Einwohner: 1 : 9,73 : 33,23

	CH	BRD	USA

15

Die Schweiz ist ein grosses Land

Bruttosozialprodukt:

Die Schweiz erreichte 1974 ein Bruttosozialprodukt von 144 640 Mio Franken oder pro Einwohner 22 685 Franken.

Die Bundesrepublik Deutschland erwirtschaftete ein Bruttosozialprodukt von 994 000 Mio Franken (angenommener Umrechnungskurs: 100) oder 6,87 mal mehr: je Einwohner 16 018 Franken.

Die Vereinigten Staaten erreichten ein Bruttosozialprodukt von 3 493 500 Mio Franken (angenommener Umrechnungskurs 2,50) oder 24,15 mal mehr als die Schweiz. Je Einwohner ergibt sich die Summe von 16 487 Franken.

■ Verhältnis Bruttosozialprodukt: 1 : 6,87 : 24,15
■ Verhältnis Bruttosozialprodukt
  pro Einwohner: 1 : 0,70 : 0,73

CH BRD USA

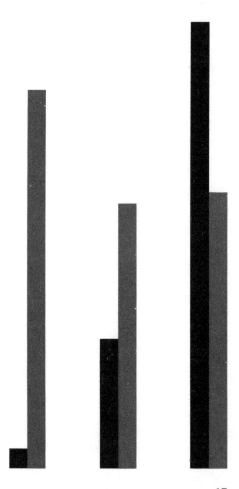

Warenexport:

Die Schweiz exportierte 1975 Waren für 33 429 Mio Franken: je Einwohner Fr. 5 248.-.

Im gleichen Jahr exportierte die Bundesrepublik Deutschland für 221 600 Mio Franken oder 6,6 mal mehr als die Schweiz. Auf einen Einwohner entfallen Fr. 3 571.-.

Die Vereinigten Staaten exportierten 1975 Waren von Fr. 273 334 Mio oder 8,17 mal mehr als die Schweiz. Auf einen Einwohner entfallen nur Fr. 1.30.

■	Verhältnis Warenexport	1 : 6,6 : 8,17
■	Verhältnis Warenexport pro Einwohner	4037 : 2747 : 1

Die Schweiz ist eine Supermacht

Kapitalverkehr:

Die Kapitalströme werden nur sehr unvollständig erfasst, da sie bei der Grenzüberschreitung nicht registriert werden können wie Waren und Personen. Die geschätzten Beträge sind in der internationalen Finanzstatistik (IFS[1]) des IMF[1] aufgeführt.

1973 hatte die Schweiz einen Kapitalstrom von 5610 Mio $ und 1974 noch von 2546 Mio $. Die Durchschnittswerte pro Einwohner ergeben die Zahlen: 872.34 (1973) und 390.79 $ (1974).

Deutschland hatte einen Kapitalstrom von 5509 Mio $ im Jahr 1973 und 10142 Mio $ pro 1974. Auf einen Einwohner umgerechnet ergeben sich 88.9 pro 1973 und 162.53 $ pro 1974.

Die Vereinigten Staaten wiesen einen Kapitalstrom von 5709 Mio $ pro 1973 und 14200 Mio $ pro 1974 aus. Auf einen Einwohner ergeben sich durchschnittlich 27.13 $ pro 1973 und 66.89 $ pro 1974.

■ Verhältnis Kapitalexport 1973	100 : 98 : 102
▨ Verhältnis Kapitalexport 1973 pro Einwohner	32 : 3 : 1
■ Verhältnis Kapitalexport 1974	100 : 398 : 558
▨ Verhältnis Kapitalexport 1974 pro Einwohner	6 : 2.4 : 1

[1] siehe Fachwörterverzeichnis

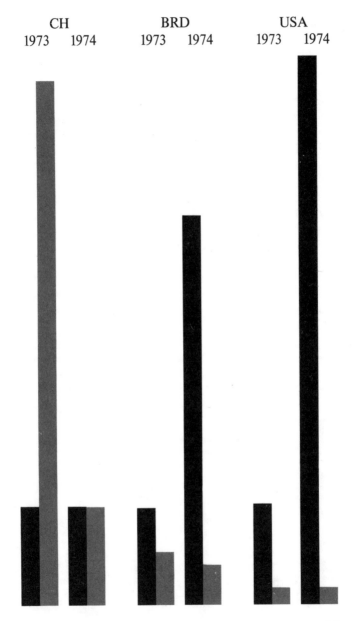

Bilanzsummen aller Banken

per 31. Dezember 1975

Die Bedeutung des Finanzplatzes eines Landes kommt im Vergleich der Bilanzsummentotale aller Banken am besten zum Ausdruck. Im eigenen Land lässt sich das Gewicht des Finanzplatzes am Anteil eines Einwohners am Bilanzsummentotal ablesen.

In der Schweiz entfallen per 31. Dezember 1975 auf einen Einwohner Fr. 59 275 Anteil am Bilanzsummentotal aller Banken, in Dollar umgerechnet sind es 22 624 oder rund 5 mal mehr als in den USA.

In der Bundesrepublik Deutschland beträgt der Anteil eines Einwohners am Bilanzsummentotal aller Banken DM 18 655, in Dollar umgerechnet sind es 7 120 oder 1,6 mal mehr als in den USA.

Das reichste Land der Welt hat ein Bilanzsummentotal aller Banken das 6,7 mal über demjenigen der Schweiz oder 2,2 mal über demjenigen der Bundesrepublik Deutschland liegt. Je Einwohner ist das Bilanzsummentotal der USA aber 5 mal kleiner als dasjenige der Schweiz und 1,6 mal kleiner als dasjenige der BRD.

■ Verhältnis Bilanzsummentotal:	1 : 2,2 : 6,7
▪ Verhältnis Bilanzsummentotal pro Einwohner	5 : 1,6 : 1

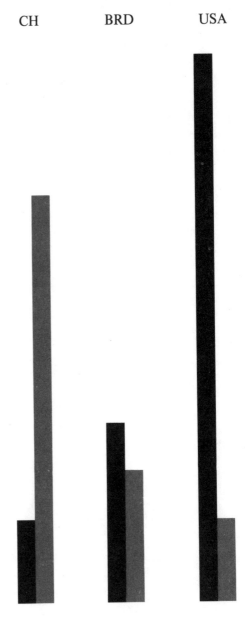

Bilanzsummenvergleich aller Banken
in den Vereinigten Staaten, in der Bundesrepublik Deutschland und in der Schweiz

	1972	1973	1974	1975
USA				
Bilanzsumme der USA-Banken in Mio Dollar	739 033	835 224	919 552	958 410
Bevölkerung in 1000	208 846	210 410	211 894	215 003
Bilanzsumme pro Einwohner in Dollar	3 538	3 970	4 340	4 458
BRD				
Bilanzsumme der Deutschen Banken in Mio DM	848 564	958 286	1 034 043	1 153 436
Umrechnungskurs	3.20	2.70	2.41	2.62
Bilanzsumme der Deutschen Banken in Mio Dollar	265 176	354 920	429 063	440 242
Bevölkerung in 1000	61 536	61 976	62 054	61 829
Bilanzsumme pro Einwohner in Dollar	4 309	5 727	6 914	7 120
CH				
Bilanzsumme der Schweizer Banken in Mio sFr.	249 323	276 605	286 676	322 963
Treuhand-Konti	32 939	40 945	41 252	52 306
Bilanzsumme der Schweizerbanken inkl. Treuhandkonti in Mio sFr.	282 262	317 550	327 928	375 269
Umrechnungskurs*	3.77	3.24	2.54	2.62
Bilanzsumme der Schweizerbanken inkl. Treuhandkonti in Mio Dollar	74 871	98 009	129 106	143 232
Bevölkerung in 1000	6 310	6 350	6 376	6 331
Bilanzsumme pro Einwohner in Dollar	11 865	15 434	20 249	22 624

* Monatsbulletin Schweizerische Nationalbank

Politik und die Rolle des Finanzplatzes Schweiz

Die Niederlage und der Rückzug bei Marignano führten zum Verzicht auf eine Grossmachtpolitik. Viele Einschränkungen hat die Schweiz in der Folge auf sich genommen. Andererseits konnte sie sich dank der zur Staatsphilosophie erhobenen Neutralität aus den meisten Kriegen heraushalten. Viele Versuchungen traten an sie heran, die ihr bei einer Änderung ihrer Politik zu wirtschaftlichen Erfolgen verholfen hätten. Der Verzicht war oft mit beträchtlichen wirtschaftlichen Nachteilen für die Bevölkerung verbunden und lag mit vielen Einzelinteressen im Widerspruch. Er wurde aber in Kauf genommen, um das höhere staatspolitische Allgemeininteresse wahren zu können.

Hauptsächlich seit dem zweiten Weltkrieg hat sich der Finanzplatz Schweiz zufolge dieser Politik, aber auch dank unserem Fleiss, unserer engen wirtschaftlichen Verbundenheit mit dem Ausland und dem seriösen Geschäftsgebaren in einem für den uneingeweihten Bürger kaum glaubhaften Tempo entwickelt. Es ist nichts Aussergewöhnliches, wenn sich in einer so raschen Entwicklung mehr und mehr unkontrollier- und unbeeinflussbare Machtkräfte breitmachen. Als Folge davon entstand allmählich eine Grossmachtpolitik, die sich dem Einfluss der schweizerischen Öffentlichkeit, aber auch dem Einfluss der Schweizerbehörden und der Schweizerischen Nationalbank entzieht. Es kommt nicht von ungefähr, dass US-Präsident Ford am Mittwoch, dem 18. Februar 1976, dem Senat den Vertrag über gegenseitige Rechtshilfe in Strafsachen zur Ratifizierung vorlegte, der von der Schweiz und den Vereinigten Staaten am 25. Mai 1973 in Bern unterzeichnet und dem ein Zusatzprotokoll vom 23. Dezember 1975 beigefügt worden war. Wie die «Neue Zürcher Zeitung» ausführte, betonte Präsident Ford, «dass dieser Vertrag das erste internationale Abkommen sei, das die Vereinigten Staaten zur Einholung von Informationen und erforderlichen Beweisen für Ermittlungen in kriminellen Affären abgeschlossen hätten. Nach Mitteilung des Präsidenten ist die Zusammenarbeit mit der Schweiz wegen ihrer Position als internationales Finanzzentrum von besonderer Bedeutung.»

Der Finanzplatz Schweiz hat sich zu einem Staat im Staate entwickelt, der immer gefährlichere Ausmasse annimmt. Er ist in der heutigen Dimension der schweizerischen Eidgenossenschaft über den Kopf gewachsen. Schon vor einiger Zeit hat er angefangen, mehr Schaden anzurichten als Nutzen zu bringen. Diesem Finanzplatz hat die Schweizer Industrie den hohen Schweizerfrankenkurs zu «verdanken». Ihm ist ein beträchtlicher Teil an Arbeitsplätzen zum Opfer gefallen.

Die Schweizerische Nationalbank versucht, durch ein Meldesystem mehr Transparenz in den Devisenmarkt, der den Finanzplatz Schweiz hauptsächlich prägt, zu bringen. Hingegen ist es ihr nicht gelungen – so Präsident Dr. Leutwiler – «den Umgehungen des Verzinsungsverbotes und des Negativzinses[1] über ausländische Niederlassungen einen Riegel zu schieben». (Gemeint sind die Niederlassungen der Schweizerbanken im Ausland.)

An der Tagung des Europäischen Management Forums in Genf legte G. Hanselmann, Generaldirektor der Schweizerischen Bankgesellschaft, die Bedeutung des Finanzplatzes Schweiz dar. Das Referat wurde unter dem Titel «Die Schweiz als internationales Finanzzentrum» in den «Wirtschafts-Notizen» der Schweizerischen Bankgesellschaft vom November 1975 auszugsweise wiedergegeben. Die veröffentlichten Ausführungen – sie sind nachfolgend im Wortlaut abgedruckt – soll der Leser zur Kenntnis nehmen, um darüber seine Gedanken machen zu können:

[1] siehe Fachwörterverzeichnis

«Während sich der Finanzplatz New York auf die international wichtigste Währung, einen hochentwickelten Geldmarkt und das riesige Wirtschafts- und Finanzpotential der USA stützen kann, fehlen diese idealen Voraussetzungen für das Entstehen eines Finanzzentrums in der Schweiz. Forscht man nach den Gründen, die unser Land in den vergangenen Jahrzehnten zu einem Finanzplatz von internationalem Rang gemacht haben, so findet man die Erklärung zum grossen Teil in den stabilen politischen, wirtschaftlichen und sozialen Verhältnissen, der politischen Neutralität und dem Sinn für die individuelle Freiheit, die unter anderem im Anspruch auf den Schutz der Privatsphäre und des Privateigentums zum Ausdruck kommt. Eine wichtige Rolle spielen ferner die für einen Finanzplatz unentbehrliche, überdurchschnittlich hohe Sparkapitalbildung der Bevölkerung, die Stärke des Schweizerfrankens und die betont internationale Orientierung der grossen Schweizer Industrieunternehmen, Versicherungsgesellschaften und Banken.»

Enge wirtschaftliche Auslandverflechtung der Schweiz

Die durch Binnenlage und Rohstoffarmut der Schweiz geprägte Struktur unserer Volkswirtschaft bedingt eine enge güterwirtschaftliche und monetäre[1] Verflechtung mit dem Ausland. Dies zeigt sich nicht allein darin, dass heute jeder dritte Franken durch den Export von Gütern und Dienstleistungen im Ausland verdient wird; die starke Kapitalverflechtung mit dem Ausland widerspiegelt sich auch in der Auslandvermögensbilanz der Schweiz, die im Jahre 1974 einen Aktivüberschuss von rund 140 Mrd Franken oder annähernd 22 000 Franken pro Kopf der Bevölkerung aufwies. Für den Aufschwung und die heutige Bedeutung des Finanzplatzes Schweiz sind aber nicht nur die erwähnten Faktoren massgebend.

[1] siehe Fachwörterverzeichnis

Ebensosehr beruht seine Attraktivität auf der Leistungsfähigkeit der schweizerischen Banken, ihrer Zuverlässigkeit, Genauigkeit und Diskretion, ihrem Knowhow[1] in den oftmals schwierigen internationalen Finanzierungsfragen und der Mannigfaltigkeit der Bankdienste, die insbesondere von den als Universalbanken[1] tätigen Grossbanken erbracht werden.

Die Rolle der Schweizer Grossbanken

Die nachhaltige Intensivierung des Auslandgeschäftes in den sechziger Jahren durch die Schweizer Grossbanken zeigt sich u.a. darin, dass sie gegenwärtig etwa zwei Drittel des Auslandgeschäftes aller Schweizer Banken bewältigen. Vom Bilanzsummentotal der drei grössten Institute entfällt etwa die Hälfte auf Auslandaktiven; ein Prozentsatz, der weit über jenem der ausländischen Grossbanken liegen dürfte. Ende des zweiten Quartals 1975 betrugen die gesamten Auslandguthaben der Schweizer Banken 69,6 Mrd Franken, denen Verbindlichkeiten von 50,6 Mrd Franken gegenüberstanden. Die starke Zunahme der Nettoauslandanlagen in den vergangenen Jahren widerspiegelt nicht nur die wachsende Bedeutung des Euromarktes[1], sondern auch die Drehscheibenfunktion der Banken, die mangels eines leistungsfähigen inländischen Geldmarktes sowohl kurzfristige Inlandgelder als auch die vom Ausland zugeflossenen Mittel zwangsläufig auf den internationalen Geldmärkten anlegen müssen.

Bedeutendes Vermögensverwaltungsgeschäft und grosse Plazierungskraft

Die starke Stellung der Schweiz als internationaler Finanzplatz zeigt sich ausserdem im umfangreichen Börsen-, Effekten- und Vermögensverwaltungsgeschäft der

[1] siehe Fachwörterverzeichnis

Banken, insbesondere der Grossbanken. Zwar halten sie – im Gegensatz zu anderen europäischen Finanzinstituten – auf eigene Rechnung keine grossen Bestände an Aktien. Hingegen pflegen die Schweizer Banken das Wertschriftengeschäft für die Kundschaft weit intensiver als die Banken in den meisten übrigen Ländern der Welt. Der Wert der bei den schweizerischen Banken deponierten Titelbestände beträgt gegenwärtig schätzungsweise 300 bis 350 Mrd Franken, wobei es sich zu etwa gleichen Teilen um Vermögenswerte schweizerischer und ausländischer Deponenten[1] handeln dürfte.

Das bedeutende Vermögensverwaltungsgeschäft der Schweizer Banken begründet zugleich deren grosse Plazierungskraft und starke Stellung auf dem internationalen Kapitalmarkt. So wurden beispielsweise von 1950 bis Ende des dritten Quartals 1975 in der Schweiz mittel- und langfristige Anleihensemissionen für ausländische Rechnung im Gesamtbetrag von über 42 Mrd Franken aufgelegt. Schätzungsweise ist über die Hälfte dieser Anleihen und Notesemissionen[1] jeweils von ausländischen Kunden gezeichnet worden. Eine wichtige Rolle spielen die Banken auch auf dem Eurobondmarkt[1]. Obwohl sie sich aus steuerlichen Gründen bis Mitte 1974 nicht direkt, sondern nur über ihre ausländischen Tochtergesellschaften an den internationalen Emissionssyndikaten[1] beteiligen konnten, ist schon in früheren Jahren jeweils ein beträchtlicher Prozentsatz aller Euroanleihen[1] bei Kunden schweizerischer Banken plaziert worden.

In enger Verbindung mit dem Effektengeschäft[1] steht das Börsengeschäft. Auf diesem Gebiet nimmt die Schweiz ebenfalls eine wichtige Stellung ein. So ist die Zürcher Börse mit einem Transaktionsvolumen[1] von über 60 Mrd Franken in den ersten neun Monaten 1975 nicht nur die umsatzstärkste kontinentaleuropäische Börse, sondern zugleich einer der führenden Börsenplätze Europas im Handel mit ausländischen Wertpapieren.

[1] siehe Fachwörterverzeichnis

Wichtiger Devisen- und Goldhandelsplatz

Die beträchtlichen Geldmarkt- und Effektentransaktionen, das umfangreiche Finanzierungsvolumen von Import- und Exportgeschäften sowie das bedeutende Arbitragegeschäft[1] sichern den Schweizer Banken eine starke Stellung im Devisenhandel[1]. Daneben ist das Finanzzentrum Schweiz aber auch zum bedeutendsten Banknotenumschlagplatz aufgerückt. Bei rund 140 gehandelten Währungen kann der Jahresumsatz der grossen Schweizer Finanzinstitute in Banknoten auf etwa 15 Mrd Franken geschätzt werden.

Besonders bemerkenswert ist der Aufschwung des Finanzzentrums Schweiz zum wichtigsten Goldumschlagplatz der Welt. Obwohl unser Land seit jeher ein wichtiger Detailhandelsplatz für Gold war, konnte die Schweiz nach der Zweiteilung des Goldmarktes im März 1968 und der Schaffung eines eigenen Goldpools[1] durch die drei führenden Schweizer Grossbanken ihre Marktstellung nicht nur behaupten, sondern sogar weiter ausbauen.

Gesamtwirtschaftliche Bedeutung

Gesamtwirtschaftlich ist der Finanzplatz Schweiz nicht nur wegen der damit verbundenen Steuereinnahmen des Staates in Höhe von mehreren hundert Millionen Franken von Bedeutung, sondern vor allem im Hinblick auf seinen Beitrag zur Ertragsbilanz. So hat der Finanzplatz Schweiz im vergangenen Jahr mit einem Nettobeitrag an die Ertragsbilanz[1] von über 7 Mrd Franken den stark gestiegenen Passivsaldo der Handelsbilanz von 7,6 Mrd Franken nahezu ausgeglichen. Schliesslich ist auch das im internationalen Vergleich traditionell niedrige Zinsniveau in unserem Land nur dank dem bedeutenden

[1] siehe Fachwörterverzeichnis

Auslandgeschäft der Banken möglich. Diese niedrigen Zinssätze bedeuten nicht nur eine vorteilhafte Fremdgeldbeschaffung der Wirtschaft, sondern wirken sich über die ermässigten Produktionskosten zudem günstig auf die Lebenshaltungskosten der gesamten Bevölkerung aus.

Verständlicherweise betont ein Vertreter der Grossbanken die positiven Seiten des Finanzplatzes Schweiz. Man dürfte aber erwarten, dass er negative Aspekte ebenfalls aufzeigt und sie vor allem nicht ins Positive umfunktioniert. Folgende Hinweise und Korrekturen sind nötig:

- Es wird verschwiegen, dass die Schweiz ihre enorme Inflation in den Jahren 1970/74 zu einem Teil dem Finanzplatz zu verdanken hatte.
- Es wird verschwiegen, dass der Schweizerfrankenkurs zufolge des Finanzplatzes immer höher und höher hinaufklettert und die Industrie wie auch den Fremdenverkehr in eine viel schärfere Rezession hinabstiess, als dies bei normalen Kursverhältnissen der Fall gewesen wäre.
- Es wird verschwiegen, dass der Finanzplatz in den Jahren 1971/74 die schweizerische Wirtschaft – insbesondere das Baugewerbe – derart aufblähte, dass sie beinahe aus allen Nähten platzte.
- Es stimmt nicht, dass die schweizerische Wirtschaft die niedrigen Zinssätze dem Finanzplatz zu verdanken hat, sie verdankt sie vielmehr der traditionell hohen Sparkapitalbildung der Bevölkerung.
- Es wird verschwiegen, dass die Auslandverflechtungen der drei grössten Schweizerbanken 50% bis 65% des Bilanzsummentotals betragen und damit unermessliche Risiken in sich bergen.

Wie noch dargelegt wird, kann der überdimensionierte Finanzplatz Schweiz unsere Wirtschaft auch weiterhin in sehr gefährliche Situationen bringen. Diesem Treiben schaut der Bundesrat mit offenen Augen zu und lehnt es ab, dagegen wirksame Massnahmen zu ergreifen.

Es ist unverständlich, dass die Schweiz im internationalen Finanzsektor Grossmachtpolitik betreibt, obwohl sie sich in allen anderen politischen Bereichen zurückhält, wie es dem Charakter und der Grössenordnung des Landes entspricht.

Bewilligte Frankenexporte ins Ausland

	1972	1973	1974	1975
	Mio	Mio	Mio	Mio
SNB genehmigte: ausländische Anleihensemissionen in sfr.	2908	2877	1011	2355
bewilligungspflichtige Kredite	3110	3160	1876	2482
von CH-Banken bei ihren Kunden plazierte mittelfristige ausländische Schuld-Schuldverschreibungen	3321	3408	2769	7161
	9339	9445	5656	11 998

Kurzfristige Anlagen bei ausländischen Banken oder am Euromarkt, Privatanlagen und a.m. sind nicht bewilligungspflichtig und in dieser Tabelle nicht enthalten.

Quelle: Jahresberichte der Schweizerischen Nationalbank

Verflechtungen der schweizerischen Grossbanken mit dem Ausland und Auslandbanken mit der Schweiz

	1975 Total Fr.	davon Ausland-Aktiven Fr.	%	1974 Total Fr.	davon Ausland-Aktiven Fr.	%
SBV	49 838.3	32 074.7	64.36	41 044.8	24 163.-	58,87
Zunahme gegenüber Vorjahr in %	21.42	32.74				
SBG	47 294.1	25 667.8	54.27	40 713.5	20 367.9	50.03
Zunahme gegenüber Vorjahr in %	16.16	26.02				
SKA	36 798.8	18 548.4	50.40	32 134.3	14 678.1	45.68
Zunahme gegenüber Vorjahr in %	14.50	26.37				
Total der 3 grössten Banken	133 931.2	76 290.2	56.96	113 892.6	59 209.-	51.99
Zunahme gegenüber Vorjahr in %	17.59	28.85				
Alle 5 Grossbanken zusammen	146 996.9	78 228.8	53.22	125 800.-	60 986.6	48.48
Treuhandanlagen*	18 800.-	18 800.-*	100.-	15 930.-	15 930.-*	100.-
Total Bilanzsummen der 5 Grossbanken inkl. Treuhandanlagen	165 796.9	97 028.8	58.52	141 730.-	76 916.6	54.27
Zunahme gegenüber Vorjahr in %	16.98					
Bilanzsummen der Auslandbanken	31 300.-	25 040.-	80	27 600.-	Angaben fehlen	
Treuhandanlagen*	23 500.-	23 500.-*	100	16 200.-		
Total Bilanzsummen der Auslandsbanken	54 800.-	48 540.-		33 800.-		
Zunahme gegenüber Vorjahr in %	62.13					

*Treuhandanlagen sind hauptsächlich Gelder von in der Schweiz domizilierten Personen oder Banken, die am Euro- oder anderen Geldmärkten angelegt oder an ausländische Firmen vermittelt wurden.

Quelle: Jahresberichte der Grossbanken und der Auslandbanken.

Die Sorge um die schweizerische Wirtschaft

Mit dem Abbau und der späteren Aufhebung des Bretton-Woods-Abkommens[1] wurde der Schweizerfranken mehr und mehr zum Spielball der internationalen Spekulation. Diese von unserer Regierung sicher nicht angestrebte Rolle des Frankens hat zur Folge, dass der Frankenkurs steigt und steigt. Er hat eine Höhe erreicht, die für die schweizerische Aussenwirtschaft nicht mehr tragbar ist.

Exportgewichtete Aufwertungssätze des Schweizerfrankens[2]
(in Prozent; Monatsdurchschnitt April 1971 = 0)

	1974		1975	
	Minimum	Maximum	Minimum	Maximum
Januar	13,8	18,6	39,9	42,7
Februar	19,3	21,8	40,4	43,9
März	20,4	22,4	39,1	42,7
April	20,7	22,9	37,9	39,4
Mai	23,7	27,0	39,0	41,9
Juni	22,8	24,0	40,4	41,1
Juli	23,3	25,5	38,0	41,5
August	25,0	25,4	39,8	40,3
September	25,4	26,4	40,4	42,3
Oktober	27,6	30,5	41,1	43,8
November	31,4	39,2	43,6	43,7
Dezember	36,2	42,9	44,3	46,8

[1] siehe Fachwörterverzeichnis
[2] Gegenüber den 18 wichtigsten Handelspartnern der Schweiz. Die Berechnung erfolgt einmal wöchentlich.
Aus der Monatsschrift «Die Volkswirtschaft», herausgegeben vom EVD.

Ende März 1976 betrug der exportgewichtete Aufwertungssatz bereits 55% und Ende Mai 1976 60%. Gegenüber dem US-Dollar ist der Schweizerfranken im Mai 1976 auf einen Aufwertungssatz von 75% angestiegen.

Da das enorme und kurzfristige Ansteigen des Frankenkurses teilweise mit der weltweiten Rezession zusammenfiel, die ihren Ursprung ebenfalls zu einem wesentlichen Teil in der verfehlten internationalen Währungspolitik hat, brachen die daraus entstandenen Nachteile lawinenartig über die schweizerische Wirtschaft herein.

Aus Sorge um die wirtschaftliche Zukunft unseres Landes habe ich am 18. März 1975 Bundesrat Ernst Brugger u.a. folgendes geschrieben:

«Ihre im Nationalrat gemachten Ausführungen habe ich in der Presse eingehend studiert. Ihre ausgezeichnete Information hat beeindruckt und Vertrauen erweckt. Hingegen haben die Schlussfolgerungen eher enttäuscht. So habe ich es wenigstens empfunden. Gestatten Sie mir deshalb einige Hinweise.

- Zu viele Ausländer kauften zu viel Schweizerboden. Mit einem Bundesratsbeschluss wurde der Verkauf von Schweizerboden an Ausländer verboten oder stark erschwert.
- Zu viele Ausländer suchten Arbeitsplätze in der Schweiz. Der Bundesrat fasste einen Beschluss, um die Überfremdung zu verhindern.
- Zu viele Ausländer kauften und kaufen leider immer noch zu viele Schweizerfranken. Wäre nicht die logische Folgerung, dass der Bundesrat auch dies verhindert?

Ist die Zweiteilung der Währungskurse die einzige Lösung? Ich glaube nicht. Es gibt noch andere Möglichkeiten. Bis 1959 hatten wir bekanntlich eine staatliche Devisenbewirtschaftung, ohne Teilung der Kurse.

Im Vergleich zur übrigen Welt besitzen wir Schweizer nur einen kleinen Flecken Land. Im Vergleich zur gesamten Geldmenge auf der Welt besitzen wir nur einen winzigen Anteil. Beim Land hat der Bundesrat die Spekulation durch Ausländer unterbunden. Nun sollte das Gleiche inbezug auf den Schweizerfranken unternommen werden. Wenn man bedenkt, dass der Jahreszins der überschüssigen Petrodollars pro 1975 mehr ausmachte als die gesamte Geldmenge (Bar- und Girogeld) in der Schweiz, sollte auch in Bankkreisen die Einsicht für eine staatliche Devisenkontrolle kommen. Entstehen in einem westlichen Land irgendwelche Unsicherheiten, flüchtet das Geld sofort in die Schweiz und erhöht den Kurs unseres Schweizerfrankens. Sollen wir dies wirklich so weiter geschehen lassen?

Die Bedeutung des schon überstrapazierten Finanzplatzes Schweiz muss im Interesse unserer ganzen Wirtschaft, aber auch im Interesse der Beschäftigungslage auf ein normales Mass zurückgeführt werden. Dies kann aber nur durch die staatliche Devisenbewirtschaftung[1] erfolgen. Die Unternehmer in der Schweiz werden mit der Rezession ohne staatliche Hilfe fertig. Gegen den hohen Frankenkurs sind sie alle machtlos. Ihn in ein normales Verhältnis zu den anderen Währungen zu bringen, ist nicht eine privatwirtschaftliche, sondern eine staatliche Aufgabe.»

Am 1. April 1975 schrieb mir das Generalsekretariat des Eidgenössischen Volkswirtschaftsdepartementes folgende Antwort:

«Im Auftrag von Herrn Bundesrat Brugger danken wir Ihnen bestens für Ihr Schreiben vom 18. März.

Mit Ihnen sind wir der Ansicht, dass alles unternommen werden muss, um den Schweizerfrankenkurs auf einem Niveau zu stabilisieren, das unsere verstärkten Bemühungen zur Erhaltung alter und zur Eroberung neuer Märkte nicht zum vornherein aussichtslos macht. Es gilt aber, die Vor- und Nachteile der möglichen Massnahmen grundsätzlich gegeneinander abzuwägen. Die-

[1] siehe Fachwörterverzeichnis

ses Abwägen hat vor allem bei einem solch tiefgreifenden staatlichen Eingriff zu geschehen, den jede Art von Devisenbewirtschaftung darstellt.»

Abwägen heisst, die verschiedenen Interessen in die Waagschalen legen und sie gegeneinander gewichten. Nun lassen sich aber solche Interessen nicht klar abgrenzen. Die Interessen des Finanzplatzes stehen beispielsweise nicht eindeutig den Interessen der Industrie gegenüber, denn die Industrie hat auch gewisse Interessen am Finanzplatz und umgekehrt. Diese Verflechtung dürfte dazu beigetragen haben, dass bisher keine Massnahmen eingeleitet wurden, um die Ursachen des ständig höher steigenden Frankenkurses zu beseitigen.

Immerhin wurde am 21. April 1976 ein erster Schritt getan. Der Bundesrat setzte eine Verordnung in Kraft, die die Einfuhr ausländischer Banknoten auf den Gegenwert von Franken 20 000.- pro Person und Quartal beschränkt.

Solange aber nur die Noten der Einfuhrbeschränkung unterworfen sind und nicht der gesamte Geldverkehr, bedeutet der erste Schritt zur Devisenkontrolle lediglich eine Geste der Schweiz gegenüber denjenigen Staaten, aus denen die flüchtenden Notengelder stammen.

Aber nicht nur der Verfasser macht sich Sorgen um die schweizerische Wirtschaft. Chefredaktor Dr. Martin Ungerer schreibt in der «Schweizerischen Handels-Zeitung» u.a.:

«Es grenze an ein Wunder, so meinte die OECD zum ‹Sonderfall Schweiz›, dass die Schweizer Wirtschaft der ‹Mammutbelastung von Bevölkerungsrückgang, Konjunkturrezession, Teuerung und hohem Frankenkurs Widerstand zu leisten vermochte, obwohl die Schweiz das am härtesten vom Konjunktureinbruch betroffene Land› gewesen war. Vergessen wird allzugern – da entsprechende Daten über den Rückgang des Volkseinkommens fehlen –, dass in unserem Lande innerhalb von

12 Monaten rund 13% oder 340 000 Arbeitsplätze verlorengingen.»

Diese verloren gegangenen Arbeitsplätze sind etwa 12% der Gesamtarbeitsplätze des Hochkonjunkturjahres 1973, davon entfallen rund 200 000 auf «abgebaute» und ausgewanderte Ausländer (exportierte Arbeitslosigkeit). 120 000 auf Frauen als Zweitverdiener, Pensionsberechtigte usw. und 20 000 auf gemeldete Arbeitslose.

Macht und Ohnmacht des Bundes

In den Jahren 1971/72 wurden verschiedene Bundesbeschlüsse gefasst, um den Zustrom ausländischer Gelder abzuwehren. Das «Verbot der Anlage ausländischer Gelder in inländischen Grundstücken» wurde durch den «Bundesbeschluss über die Bewilligungspflicht für den Erwerb von Grundstücken durch Personen im Ausland» abgelöst. Anstelle der «Verordnung über die Mindestguthaben auf ausländischen Geldern» trat die «Verordnung über Massnahmen auf dem Gebiete des Kreditwesens». Hingegen ist die Verordnung über die Anlage ausländischer Gelder auf den 1. Februar 1974 ganz aufgehoben worden.

Der Verlängerung des «Bundesbeschlusses vom 28. Juni 1974 zum Schutze der Währung» um drei weitere Jahre hat das Schweizervolk am 8. Juni 1975 zugestimmt. An einer Pressekonferenz wurde vor der Abstimmung ausgeführt: «Die Überbewertung des Frankens ist vor allem auf den übermässigen Zustrom ausländischen Kapitals zurückzuführen. Dazu kommen die erheblichen Einkommensumlagerungen zwischen den erdölproduzierenden Ländern und der übrigen Welt, welche die Gefahr grösserer Kapitalverschiebungen von einem Land zum anderen noch erhöhen. Aus all diesen Gründen halten Bundesrat und Nationalbank eine Schwächung des währungspolitischen Abwehrdispositivs zur Zeit nicht als opportun.» (Siehe NZZ vom 7. Mai 1975, Nr. 104)

Am 27. Juni 1975 berichtete die «Neue Zürcher Zeitung» über eine Rede, die der Präsident des Direktoriums der Schweizerischen Nationalbank, Dr. F. Leutwiler, an der Generalversammlung der Schweizerischen Gesellschaft für chemische Industrie in Davos gehalten hatte:

Intensive Kurspflege

Die Massnahmen der Nationalbank zur Kurspflege des Frankens stossen bekanntlich in drei Richtungen: Zum einen wurde die Attraktivität des Frankens für ausländische Geldanlagen vermindert; dazu dienen Verzinsungsverbot, Negativzins[1] sowie Massnahmen zur Beschränkung von Umgehungsoperationen. Zum zweiten wird der Wiederabfluss zugeströmter Mittel über die Grenzen gefördert, wozu die Nationalbank ihre Politik der Kapitalexportbewilligungen liberalisiert hat. Drittens interveniert das Noteninstitut direkt am Devisenmarkt.

Dazu führte Dr. Leutwiler wörtlich aus: «Seit Jahresbeginn (1975, der Autor) haben wir 1733 Mio Dollar im Gegenwert von 4346 Mio Franken gekauft, wovon 1151 Mio Dollar oder 2900 Mio Franken durch Konversion von Kapitalexporterlösen wieder an den Markt zurückgeleitet wurden. Der Spielraum der Nationalbank für weitere Massnahmen ist nicht mehr sehr gross, wenn man nicht grundsätzlich von der freien Konvertierbarkeit[1] unserer Währung abgehen will.»

Interventionen um welchen Preis?

Im Zusammenhang mit der umstrittenen Frage massiver Dollarinterventionen zeigte Leutwiler kurz die Gemein-

[1] siehe Fachwörterverzeichnis

samkeiten der weitverbreiteten Vorstellungen von Wissenschaft und Praxis auf. Er nahm dazu wie folgt Stellung: «Wir haben in den zurückliegenden Wochen auch diese Möglichkeit getestet, indem wir an einzelnen Tagen zwischen 100 und 200 Mio Dollar aus dem Markte nahmen, leider ohne Erfolg, was die Kursentwicklung anbetrifft. Wir wissen, dass vereinzelt Vorstellungen über das wünschbare Interventionsvolumen viel weiter gehen als 100 bis 200 Mio Dollar pro Tag, und wir möchten auch nicht bestreiten, dass es bei verhältnismässig günstiger Konstellation am Devisenmarkt möglich wäre, mit wesentlich grösseren Dollarkäufen eine positive Kursbeeinflussung zu erzielen. Die Frage ist nur, um welchen Preis...

Das entscheidende Problem ist somit die Geldmenge; sie ist die für den Gang der Wirtschaft und den Inflationsgrad wichtige Grösse. Über der Frage, wie weit massive Dollarkäufe trotz Abschöpfungsmassnahmen inflatorisch wirken, scheiden sich die Geister. Die Nationalbank ist in dieser Hinsicht äusserst skeptisch, nicht zuletzt auf Grund der sehr negativen Erfahrungen früherer Jahre. Es kann heute keinem Zweifel mehr unterliegen, dass die letzte Teuerungswelle in wesentlichem Masse durch die beträchtliche Geldschöpfung als Folge der massiven Dollarkäufe unter dem Regime fixer Wechselkurse ausgelöst wurde. Diesen verhängnisvollen Fehler wollen wir nicht noch einmal begehen.»

Wenn wir die Kursentwicklung nach diesem Vortrag verfolgen, stellen wir fest, dass der Dollarkurs langsam aber stetig von Fr. 2.50 bis Fr. 2.75 per Ende September 1975 stieg. Dann fiel er wieder zurück (New Yorker Finanzkrise) auf Fr. 2.60 per Jahresende 1975 und bröckelte bis Ende Mai 1976 auf Fr. 2.43 ab. Im gleichen Zeitraum fiel der DM-Kurs von rund Fr. 107.- zuerst leicht zurück, stabilisierte sich eine gewisse Zeit bei 104.- und sank im Laufe des Herbstes 1975 bis gegen Jahresende unter 100.-. Am 31. Mai 1976 musste für eine

D-Mark nur noch der nie für möglich gehaltene Betrag von 94 Rappen bezahlt werden, oder umgekehrt: ein Deutscher musste 1,07 DM für einen Franken hinlegen anstelle von 84 Pfennig, die er vor zwei Jahren zu bezahlen hatte. Aus diesen Kursentwicklungen ist ersichtlich, dass die Massnahmen, die aufgrund der vom Volk dem Bundesrat und der Schweizerischen Nationalbank erteilten Vollmacht ergriffen worden sind, nicht genügen. Bundesrat und Nationalbank haben den Auftrag, den sie sich am 8. Juni 1975 beim Schweizervolk holten, in keiner Weise erfüllt.

Besser als in seinem aufschlussreichen Vortrag vor der Statistisch-Volkswirtschaftlichen Gesellschaft Basel können die ungenügenden Massnahmen zum Schutze des Schweizerfrankens vom Präsidenten der Schweizerischen Nationalbank nicht dargelegt werden.

Die «Schweizerische Finanzzeitung» berichtete am 21. Januar 1976 u.a. darüber:
«Im Jahre 1975 hat die Nationalbank Kapitalexporte im Umfang von zirka 12 Mrd Fr. bewilligt, wovon 2,5 Mrd auf öffentliche Anleihen, 7 Mrd auf Privatplazierungen mittelfristiger Schuldverschreibungen und 2,5 Mrd auf Kredite entfielen.

Es unterliegt keinem Zweifel, dass dadurch die uns höchst unsympathische Tendenz zur Internationalisierung des Schweizerfrankens erneut gefördert wurde. Ob es uns passt oder nicht, der Franken hat heute, gleich wie die DM, die Rolle einer internationalen Transaktionswährung, wobei die internationale Bedeutung des Frankens in einem krassen Missverhältnis zu unserer nationalen Wirtschaftskapazität und zum einheimischen Geldumlauf steht. Der Schweizerfranken ist aber auch, allen gegenteiligen Bemühungen der Nationalbank zum Trotz, zu einer internationalen Reservewährung geworden, nachdem mehr und mehr Notenbanken, vor allem solche ausserhalb des Kreises der Industrieländer, dazu übergehen, neben dem Dollar, dem Pfund und der DM auch unsere Währung in ihren Devisenbestand aufzunehmen.

Problemlösung verschoben

Der Kapitalexport, das ist uns klar, stellt keine definitive Lösung unseres Wechselkursproblems dar. Er half uns zwar im Jahre 1975, den Überschuss der schweizerischen Ertragsbilanz und einen grossen Teil des Kapitalimports wieder ins Ausland abzuleiten, aber diese Kapitalexportgeschäfte werden einmal fällig. Was wird dann passieren? Fest steht, dass der Schuldner in den meisten Fällen nicht mehr über die aufgenommenen Franken verfügt; er musste sie ja bei Abschluss der Transaktion in fremde Währung konvertieren. Wenn er zurückzahlen muss oder – aus irgendwelchen Gründen – zurückzahlen will, dann muss er sich die Franken erst wieder beschaffen, was uns wechselkurspolitisch unter Umständen gar nicht ins Konzept passen kann. Ist letzteres der Fall, so hat die Nationalbank keine andere Wahl, als eine weiterhin äusserst liberale Kapitalexportpolitik zu betreiben, um die Verlängerung der fälligen Geschäfte zu ermöglichen und dadurch negative Wechselkurseffekte zu vermeiden, selbst wenn beispielsweise die inländische Kapitalmarktlage eine restriktivere Politik für angezeigt erscheinen liesse. Der Zugzwang ist ebenso offensichtlich wie unsympathisch; wir schieben das Problem gewissermassen ständig vor uns her.

Ich wäre deshalb nicht sehr unglücklich, wenn der Kapitalexport im laufenden Jahr nicht mehr die Rekordhöhe des Vorjahres erreichen würde, wobei ich mir darüber Rechenschaft gebe, dass dadurch der Spielraum für Deviseninterventionen entsprechend verkleinert würde.

Wenn man bedenkt, dass für das ganze Jahr 1976 eine Neuschaffung von Notenbankgeld im Umfang von rund

1,5 Mrd Fr. vorgesehen ist und dass wir davon in der ersten Woche des Jahres schon 1 Mrd vorgeleistet haben, dann werden die Proportionen klar.

Nervöse Banken

Selbstverständlich können und werden wir abschöpfen; hiefür stehen uns Mindestguthaben und Offenmarkt-Operationen[1], das heisst die Plazierung von Sterilisierungsreskriptionen[1], zur Verfügung. Aber wir wissen aus Erfahrung, wie nervös die Banken auf Abschöpfungen reagieren, selbst wenn sie im Geld schwimmen, was derzeit eindeutig der Fall ist, und diese Nervosität äussert sich in einer Verteuerung der kurzfristigen Zinssätze, was wiederum wechselkurspolitisch unerwünscht ist.

Devisenpolitik ist nicht nur Interventionspolitik. Die Nationalbank hat in der jüngeren Vergangenheit eine Reihe von Massnahmen getroffen, die insbesondere den Informationsfluss vom Devisenmarkt zum Noteninstitut verbessern sollen. Ich kann leider nicht behaupten, dass uns die bestehenden Regelungen bereits befriedigen, und auf die Gefahr hin, mich zu wiederholen, muss ich feststellen, dass eine bessere Transparenz der Devisengeschäfte das A und O einer wirkungsvollen Interventionspolitik ist. Wir setzen daher, im Verein mit den Banken, unsere diesbezüglichen Bestrebungen fort, wobei das Endziel – das allerdings nicht leicht zu erreichen sein wird – darin bestehen muss, einigermassen zuverlässige Angaben über unseren Kapitalverkehr mit dem Ausland zu erhalten. Die Ertragsbilanzstatistik ist sicher wertvoll; aber sie bleibt bei der Bedeutung der Kapitalbewegungen für unser Land Stückwerk ohne Kapitalverkehrsstatistik.

[1] siehe Fachwörterverzeichnis

Jenseits der Grenzen

Eine zweite Frage, der wir unsere Aufmerksamkeit widmen, betrifft die Schweizerfranken-Geschäfte im Ausland. Wir geben uns darüber Rechenschaft, dass wir auf Operationen ausserhalb unseres Landes nur begrenzten Einfluss nehmen können, aber wir glauben, dass es möglich sein sollte, den Umgehungen des Verzinsungsverbotes und des Negativzinses über ausländische Niederlassungen schweizerischer Banken einen Riegel zu schieben, womit meines Erachtens schon einiges gewonnen wäre.

Schliesslich werden wir über die Frage der Repatriierungen[1] mit unseren international tätigen Gesellschaften das Gespräch wieder aufnehmen müssen, denn es hat sich im vergangenen Jahr gezeigt, dass solche Operationen oft zur Unzeit den Devisenmarkt in beträchtlichem Ausmass belasten, beziehungsweise die Nationalbank zu Interventionen zwingen. Es scheint nicht sehr sinnvoll, wenn von der Schweiz aus dazu beigetragen wird, den Ast abzusägen, auf dem unsere Wirtschaft sitzt. Auch auf diesem Gebiet sollte sich deshalb eine Lösung finden lassen, ohne dass gleich zu drastischen Massnahmen gegriffen werden muss.»

Nach diesem Vortrag wurden weitere interventionsistische Massnahmen eingeführt und sogenannte Gentlemen's Agreement abgeschlossen. Sie brachten aber keine Wende in der Entwicklung des Schweizerfranken-Kurses.

Noch eine andere Betrachtungsweise kommt aus einer Rede von Dr. Fritz Leutwiler zum Ausdruck. Beinahe ein Jahr früher hatte er sich zum Thema «Die Notenbank im Spannungsfeld der Politik» vor der Zürcher Volkswirtschaftlichen Gesellschaft geäussert. Die «Finanz und Wirtschaft» berichtete am 1. März 1975 u.a. darüber:

[1] siehe Fachwörterverzeichnis

«Hoher Preis für den Finanzplatz Schweiz

Nur ein verhältnismässig kleiner Teil der Devisentermingeschäfte lässt sich indessen auf Kurssicherungsbedürfnisse der erwähnten Art zurückführen. Viel umfangreicher sind reine Finanzoperationen – hauptsächlich zwischen Banken – mit oft ausgeprägt spekulativem Charakter. Der Zusammenbruch der Herstatt-Bank, der für den aufmerksamen Beobachter des Devisengeschehens nicht überraschend kam, hat auch einer breiteren Öffentlichkeit den enormen Umfang solcher Spekulationen vor Augen geführt.

Der Vergleich mit dem Roulette erscheint mir naheliegend, mit dem Vorbehalt allerdings, dass der Einsatz und damit die Gewinnchancen und Verlustrisiken im Devisengeschäft weit grösser sind. Vor allem aber ist diese Form des Devisenhandels kein Spiel; sie hat ihre ernsten volkswirtschaftlichen, bisweilen auch weltwirtschaftlichen Konsequenzen, denn die Vorgänge am Devisenterminmarkt wickeln sich nicht fern der wirtschaftlichen Realität ab, sondern beeinflussen unmittelbar den sogenannten Kassenmarkt[1].

Aus dem uns heute zur Verfügung stehenden Mosaik an Informationen lässt sich mit einiger Sicherheit der Schluss ziehen, dass der starke Anstieg des Dollarkurses im Januar 1974 in entscheidendem Masse durch enorme Haussespekulationen ausgelöst wurde. Die mit grossen Verlusten verbundene Liquidation dieser Dollarpositionen[1] hat ein Jahr später wesentlich zum Absinken des Dollarkurses beigetragen. Da offenbar grosse Geschäfte gegen Schweizerfranken abgeschlossen worden waren, wurde unsere Währung sowohl beim Abschluss der Termingeschäfte wie auch bei deren Liquidation besonders stark betroffen.

Wir haben die Banken schon lange vor dem Eintreten der ersten grösseren Verluste vor den Risiken eines nach

[1] siehe Fachwörterverzeichnis

unserer Auffassung überdimensionierten Devisentermingeschäftes gewarnt, zunächst ohne sichtbaren Erfolg. Im vergangenen Jahr haben nun aber die Banken aus eigenem Antrieb das Volumen um mehr als die Hälfte reduziert. Ein weiterer spürbarer Abbau wurde im Zusammenhang mit dem Erlass des Verzinsungsverbots und der Kommissionsbelastung für Auslandgelder verfügt, weil diese Abwehrmassnahmen über Termingeschäfte umgangen werden können.

Es ist bemerkenswert, dass von Bankenseite selbst der Ruf nach schärferer Überwachung dieser Sparte des Bankgeschäftes ergangen ist. Im Zusammenhang mit den bereits erwähnten Devisenverlusten wurde in inserem Land wie auch anderswo der Vorwurf erhoben, solche Vorfälle hätten verhindert werden können, wenn die verantwortlichen Behörden früher gegen Exzesse eingeschritten wären.

Gefordert wurde namentlich eine Beschränkung der ungedeckten Positionen[1].

Entsprechende Weisungen sind mittlerweile von den Bankaufsichtsbehörden der Schweiz und anderer Länder erlassen worden. Man darf dabei allerdings nicht übersehen, dass Verlustrisiken nicht nur in offenen Positionen bestehen, sondern auch – wie schmerzliche Erfahrungen inzwischen gezeigt haben dürften – in theoretisch sich kompensierenden Termingeschäften. Je umfangreicher diese Geschäfte, desto grösser die Wahrscheinlichkeit, dass sich darunter einige zweifelhafte Partner befinden.

Uns interessiert hier aber vor allem der volkswirtschaftliche Aspekt dieser Devisenoperationen. Eine Verbesserung der Transparenz des Devisenmarkts erscheint unerlässlich, ordnende Eingriffe werden sich meines Erachtens nicht vermeiden lassen.

Ich verkenne die Bedeutung des Devisengeschäftes für die Ertragsrechnung zahlreicher Banken durchaus nicht, ebensowenig den Beitrag zum Ausgleich der

[1] siehe Fachwörterverzeichnis

schweizerischen Zahlungsbilanz, der aus den vielfältigen Geschäftsbeziehungen unserer Banken mit dem Ausland resultiert. Dennoch scheint die Frage berechtigt, ob die Bedeutung der Schweiz als internationales Finanzzentrum im Verhältnis zum Umfang unserer Wirtschaft nicht zu gross geworden ist.

Die Frage stellt sich nicht nur für die erwähnten Auswüchse des Devisengeschäfts, sondern ganz allgemein für sämtliche Finanzoperationen, bei denen die Schweiz bzw. der Schweizerfranken lediglich die Rolle einer Drehscheibe spielt. Wir zahlen heute einen hohen Preis für die ausserordentliche Expansion des Finanzplatzes Schweiz. Die Nationalbank ist der Auffassung, dass die Entwicklung nicht mehr im Rhythmus der letzten Jahre weitergehen darf.»

Für einen normalen Bürger ist es unvernünftig, für etwas – wie den Finanzplatz Schweiz – einen hohen Preis zu bezahlen, das für die gesamte Volkswirtschaft (ausgenommen ausländische Bankniederlassungen in der Schweiz und einige wenige Schweizerbanken) schädlich ist. Warum ziehen das Direktorium der Nationalbank und der Bundesrat aus ihren Erkenntnissen nicht die notwendigen Konsequenzen? Ist es die Doktrin, die sie daran hindert? Oder sind es bereits die auf diesem Finanzplatz tätigen enormen Machtkräfte, die es verstehen, die massgebenden Personen und Gremien daran zu hindern, die notwendigen Schritte zu unternehmen, um das Übel wirklich zu beseitigen?

*Jährliche Summen der schweizerischen Handelsbilanz
von 1886 bis 1975*

Jahr	Import in Mio Fr.	Export in Mio Fr.	Saldo
1886	731,4	651,4	− 80,0
1887	779,4	653,7	− 125,7
1888	775,8	655,5	− 120,3
1889	885,0	695,5	− 189,5
1890	933,0	703,0	− 230,0
1891	912,1	671,6	− 240,5
1892	862,0	657,5	− 204,5
1893	823,7	646,5	− 177,2
1894	822,3	621,1	− 201,2
1895	915,4	663,2	− 252,2
1896	993,9	688,1	− 305,8
1897	1 027,2	693,2	− 334,0
1898	1 065,3	723,8	− 341,5
1899	1 159,9	796,0	− 363,9
1900	1 111.1	836,1	− 275,0
1901	1 050,5	836,6	− 213,4
1902	1 128,5	874,3	− 254,2
1903	1 196,2	838,5	− 307,7
1904	1 240,1	891,5	− 348,6
1905	1 379,9	969,3	− 410,6
1906	1 469,1	1 071,1	− 398,0
1907	1 687,4	1 152,9	− 534,5
1908	1 487,1	1 038,4	− 448,7
1909	1 602,1	1 097,7	− 504,4
1910	1 745,0	1 195,9	− 549,1
1911	1 802,4	1 257,3	− 545,1
1912	1 979,1	1 357,6	− 621,5
1913	1 919,8	1 376,4	− 543,4
1914	1 478,4	1 186,9	− 291,5
1915	1 680,0	1 670,1	− 9,9
1916	2 378,5	2 447,7	+ 69,2
1917	2 405,1	2 323,0	− 82,1

Jahr	Import in Mio Fr.	Export in Mio Fr.	Saldo
1918	2 401,5	1 963,2	− 438,3
1919	3 533,4	3 298,1	− 235,3
1920	4 242,8	3 275,2	− 967,5
1921	2 296,3	1 763,9	− 532,4
1922	1 914,5	1 689,2	− 225,5
1923	2 243,1	1 716,5	− 526,6
1924	2 504,5	2 009,6	− 494,9
1925	2 633,1	2 029,9	− 603,2
1926	2 414,5	1 825,9	− 588,6
1927	2 547,6	2 004,1	− 543,5
1928	2 719,4	2 115,6	− 603,8
1929	2 730,8	2 078,2	− 652,6
1930	2 563,8	1 747,1	− 816,7
1931	2 251,2	1 335,8	− 915,4
1932	1 762,7	769,0	− 993,7
1933	1 594,5	818,9	− 775,6
1934	1 434,5	824,6	− 609,9
1935	1 283,3	794,9	− 488,4
1936	1 266,3	881,6	− 384,7
1937	1 807,2	1 286,1	− 521,1
1938	1 606,9	1 316,6	− 290,3
1939	1 889,4	1 297,6	− 591,8
1940	1 853,6	1 315,7	− 537,9
1941	2 024,3	1 463,3	− 561,0
1942	2 049,3	1 571,7	− 477,6
1943	1 727,1	1 628,9	− 98,2
1944	1 185,9	1 131,8	− 54,1
1945	1 225,4	1 473,7	+ 248,3
1946	3 422,6	2 675,6	− 747,0
1947	4 820,0	3 267,6	− 1 552,4
1948	4 998,9	3 434,6	− 1 564,3
1949	3 791,0	3 456,7	− 334,3
1950	4 535,9	3 910,9	− 625,0
1951	5 915,5	4 690,9	− 1 224,6

Jahr	Import in Mio Fr.	Export in Mio Fr.	Saldo
1952	5 205,7	4 748,9	− 456,8
1953	5 070,7	5 164,6	+ 93,9
1954	5 591,6	5 271,5	− 320,1
1955	6 401,2	5 622,2	− 779,0
1956	7 597,0	6 203,5	− 1 393,5
1957	8 447,1	6 713,9	− 1 733,2
1958	7 335,2	6 648,8	− 686,4
1959	8 267,9	7 273,8	− 994,1
1960	9 648,1	8 130,7	− 1 517,4
1961	11 644,4	8 822,1	− 2 822,3
1962	12 985,5	9 579,9	− 3 405,6
1963	13 989,4	10 441,7	− 3 547,7
1964	15 540,8	11 461,6	− 4 079,2
1965	15 929,3	12 861,0	− 3 068,3
1966	17 004,5	14 203,8	− 2 800,7
1967	17 786,0	15 164,8	− 2 621,2
1968	19 424,9	17 349,5	− 2 075,4
1969	22 734,4	20 009,1	− 2 725,3
1970	27 873,5	22 140,3	− 5 733,2
1971	29 641,6	23 616,9	− 6 024,7
1972	32 371,5	26 187,6	− 6 183,9
1973	36 588,6	29 948,3	− 6 040,3
1974	42 929,4	35 353,1	− 7 576,3
1975	34 267,8	33 429,7	− 838,1

Die Schweiz im schiefen Licht

Es ist nicht der Aussenhandel – wie oft behauptet wird –, der den hohen Schweizerfrankenkurs verursacht. Abgesehen von den beiden Jahren 1945 und 1953 war die Handelsbilanz seit dem Zweiten Weltkrieg immer passiv, und zwar in den Jahren 1970–1974 so stark, dass der Franken unter normalen Umständen hätte abgewertet werden müssen (siehe Tabelle). Es sind auch nicht der Dienstleistungssektor, die Versicherungen oder Lizenzerteilungen, und nicht die Kapitalinvestitionen der Schweizerindustrie im Ausland, die den Frankenkurs in die Höhe trieben; es ist vielmehr die Spekulation, und zwar die von Schweizern und von Ausländern betriebene.

Braucht es dazu Beweise? Unter den zwei Titeln «Ein Devisenhasardeur auf der Anklagebank» und «Gerichtliches Nachspiel zu den Verlusten der Lloyds Bank Lugano» hat die «Neue Zürcher Zeitung» am 23. Oktober 1975 über einen Vorfall berichtet, wie er nur selten an die Öffentlichkeit gelangt.

«Der Umfang der Transaktionen

In der Anklageschrift ist von Hunderten von Kassa- und Termingeschäften die Rede, die in einem Zeitraum von sechs Monaten, von Februar bis August 1974, zu folgenden ungedeckten Positionen führten: über 592 Mio US-$ (Verkauf), über 844 Mio DM (Ankauf) und über 6 Mio fFranken (Ankauf). Die Transaktionen wurden zum Teil mit in- und ausländischen Banken getätigt, mit denen die Lloyds Bank International Ltd. nach den geltenden Vorschriften keine Geschäfte abwickeln durfte. Es wurde jede vorgeschriebene Höchstgrenze bezüglich Handelsvolumen, Saldo pro Tag, Laufzeit der Termingeschäfte überschritten. Um die Angelegenheit zu verschleiern, wurden Swap-Operationen[1] vorgetäuscht, die nichts anderes waren als riesige Kreditaufnahmen. Die Bank musste somit auch noch hohe Passivzinsen entrichten, die ihrerseits als Verluste des Devisengeschäftes kaschiert wurden.

Über die frisierten Unterlagen auf der Devisenabteilung und deren Verbuchung wurden dementsprechend die Bilanzen der Filiale gefälscht. Die Anklage wirft Marc Colombo im weiteren vor, absichtlich keine Terminlisten erstellt zu haben, aus denen Tag für Tag das Engagement der Lloyds Bank International Ltd. gegenüber den Banken hervorgegangen wäre. Auch der Nationalbank hat die Devisenabteilung bezüglich ihrer Transaktionen einen Bären aufgebunden, und zwar in der monatlichen Statistik über die ausländischen Depots: Im August 1974 wurde der offene Betrag im Devisengeschäft mit etwas über 256 000 Fr. angegeben. In Wirklichkeit stand man damals bei ungefähr 1650 Mio Franken.

Mitverantwortung des Filialleiters

Von Mai bis August 1974 betrug der Umfang der Devisenoperationen 10 Mia $. Eine weitere Milliarde – die erste, die offenbar alles ins Rollen gebracht hat – geht auf die Zeit bis November 1973 zurück. Die Filialleitung schluckte und verbuchte während eines halben Jahres alles, was Colombo präsentierte, obwohl sie dem wegen des Kontrollmechanismus vorstellig gewordenen Inspektor schriftlich versichert hatte, dass die Kontrolle der Auftragsbestätigungen und die Verbuchung der Geschäfte unabhängig von der Devisenabteilung vorgenommen würden. Dabei mussten Egidio Mombelli schon zu Beginn des finanziellen Malheurs die Augen wenigstens insoweit aufgegangen sein, als er merkte, dass seine Devisenabteilung im letzten Quartal des Geschäftsjahres

[1] siehe Fachwörterverzeichnis

1972/73 einen Verlust produziert hatte, der dem Gewinn aus den drei vorangegangenen Quartalen entsprach, nämlich 500 000 Franken. Damals anerkannte Mombelli auch, dass die Devisenabteilung stärker kontrolliert werden müsste. Trotzdem störte es ihn in der Folge nicht, dass Colombo in den Bilanzen hohe Beträge unter den blossen Bezeichnungen «sonstige Aktiven» und «sonstige Passiven» aufführte. Bis zuletzt scheint der Filialleiter die Auftragsbestätigungen visiert zu haben, womit er Colombos Transaktionen billigte, die weit über das Dotationskapital[1] der drei Lloyds-Filialen in der Schweiz gingen.»

Innerhalb von 3-4 Monaten hat diese kleine Niederlassung der grossen Lloyds Bank 10 Milliarden Dollar umgeschlagen und musste einen Verlust von 1,65 Mrd verbuchen. Diese Sachlage ist symbolisch für das Banken-Land Schweiz.

Im April 1974 gab die Schweizerische Bankgesellschaft die sofortige Arbeitseinstellung ihres Devisenchefs und einige Zeit später einen Verlust von 140 Mio Schweizerfranken auf Devisenoperationen eines Kunden bekannt. Geht man von der Annahme aus, dass der Verlust 5% der getätigten Devisengeschäfte war, müssten Devisenoperationen für einen Kunden im Ausmasse von 7 Mrd Franken getätigt worden sein. Der Umfang der Gesamtoperationen dürfte aber diese Zahl wesentlich übersteigen. In Bankfachkreisen hört man immer wieder, dass auch andere Banken Verluste in ähnlichem oder noch höherem Ausmasse erlitten hätten. Aussenstehenden sind die Devisensummen, mit denen spekuliert wurde, kaum vorstellbar.

Unter dem Titel «Auf dem Glatteis des Devisenhandels» schreibt C.B. am 17. April 1974 im «Badener Tagblatt»:

«Der Beruf des Devisenhändlers stellt seit der Einführung des Floatings bedeutend höhere Anforderungen

[1] siehe Fachwörterverzeichnis

namentlich an die Nerven der für die Überwachung der Devisenoperationen verantwortlichen Chefs, aber auch an die Nerven der personell stark gewachsenen Zahl der einzelnen Devisenhändler. Zwei Opfer haben diese erhöhten Belastungen bereits im Laufe von weniger als zwölf Monaten im Kreis der drei Schweizer Grossbanken gefordert. Am 5. August 1973 erlag der Chef der Devisen- und Edelmetallabteilung der Schweizerischen Kreditanstalt, Ernst Bigler, einem Herzinfarkt. Der Direktor der Kreditanstalt, der fachlich und menschlich hohes Ansehen genoss, soll den Belastungen durch gewisse Fehlbeurteilungen, die sich auch in Verlusten geäussert haben dürften, psychisch nicht mehr gewachsen gewesen sein. Kurz vor Ostern 1974 gab nun die Schweizerische Bankgesellschaft in einer kurzen Mitteilung bekannt, das Institut habe durch Devisenoperationen eines Kunden ‹einen grösseren Verlust› erlitten, der jedoch durch bestehende Bewertungsreserven[1] auf Devisen und Edelmetalle ‹bei weitem überdeckt› sei. Der stellvertretende Generaldirektor, der für die Überwachung dieser Operationen verantwortlich war, Robert Strebel, reichte seine Demission ein, die von der Bank angenommen wurde. Auch der ausgeschiedene Chef der Bankgesellschaft ist ein hochangesehener Fachmann von internationaler Reputation, fähig, komplizierteste monetäre[1] Zusammenhänge messerscharf zu analysieren.

Generaldirektor Guido Hanselmann – in den Jahren 1966 bis 1968 unmittelbar vor Strebel Chef der Devisenabteilung – erklärte uns, er neige dazu, die mangelhafte Überwachung des Kunden-Engagements dem Stress zuzuschieben, in dem Strebel gestanden habe. Im übrigen werde die Lehre, die man aus dieser bitteren Erfahrung ziehe, die sein, die Überwachung in zeitlich dichterer Folge spielen zu lassen. ‹Wollte man freilich ein hundertprozentig wasserdichtes System einrichten, dann könnte man keine Geschäfte mehr machen›, erklärte Hansel-

[1] siehe Fachwörterverzeichnis

mann.› Denn ohne Vertrauen geht es nicht bei der Raschheit des Handels.»

Wie ein amerikanischer Verleger berichtet, werden die USA mit neuer «Fachliteratur» über die Gnomen von Zürich, den Finanzplatz Schweiz, den Handel mit Schweizerfranken, den Anlageplatz und Börsenhandel Schweiz sowie das schweizerische Bankgeheimnis überschwemmt. In dieser Literatur sei stets die Rede von den grossen Gewinnmöglichkeiten, die Geld- oder Wertpapier-Transaktionen mit der Schweiz den Amerikanern bringe. Jeder Verfasser habe ein noch besseres Rezept. Solche Bücher sollen gekauft werden wie frische Weggli.

Kaufte z.B. die Amerikanerbank X am 1. Oktober 1975 für 100 000 Dollar Schweizerfranken, erhielt sie 272 500 Franken; verkaufte sie diese drei Wochen später, d. h. während der Finanzkrise New Yorks, erhielt sie rund 104 200 Dollar zurück. Der erzielte Gewinn von 4200 Dollar entspricht ungefähr einem Jahresgehalt einer Hilfsangestellten. Hatte die Amerikanerbank X noch etwas Geduld und verkaufte erst anfangs Juni 1976, erzielte sie einen Gewinn von rund 14 500 Dollar, der ungefähr dem Jahresgehalt eines Prokuristen entspricht.

Im Oktober 1975 kam die Stadt New York an den Rand des Bankrotts. Ein solches Ereignis müsste die Schweiz nicht berühren. International tätige amerikanische Banken und Spekulanten befürchteten, eine eventuelle Pleite der Stadt New York könnte viele Finanzinstitute und den Dollar mit in den Strudel reissen. Sie flüchteten mit einem Teil ihres Geldes in andere Länder, insbesondere in die Schweiz. Diese wurde Zufluchtsort von enormen Dollarsummen. Obwohl die Nationalbank Milliarden Franken eintauschte, stieg der Frankenkurs um rund 5%.

Über den Fall «New York» berichtete die «Neue Zürcher Zeitung» am 4. Dezember 1975:

«In den letzten Monaten und Wochen hatte die Diskussion über einen allfälligen finanziellen Kollaps der Stadt New York – das Thema hat sich mittlerweile durch die New Yorker Selbsthilfe und die Intervention Präsident Fords erledigt – in beträchtlichem Mass die Frage zum Gegenstand, welche Folgen an den Finanzmärkten und vorab an den Devisenmärkten ein Bankrott der City auslösen könnte. Im Blick auf den Dollar schieden sich die Geister sozusagen nach geographischen Gesichtspunkten: New Yorker Finanzkreise, eingeschlossen die New Yorker Federal Reserve Bank[1] mit Paul Volcker an der Spitze, äusserten sich pessimistisch, während in Washington Schatzsekretär William Simon und Arthur Burns, der Vorsitzende des Federal Reserve Board, keine nachteiligen Folgen zu sehen glaubten.

Die alle drei Monate erscheinende Rechenschaftsablage des Offenmarktausschusses der New Yorker Federal Reserve Bank, welche für das Schatzamt und das Zentralbankensystem die Devisenmarktoperationen durchführt, scheint die These zu stützen, wonach der Dollar Schaden genommen habe. Die Autoren des Devisenmarktberichts, Allan Holmes und Scott Pardee, stellen darin fest, dass Ende September die Kontroverse über eine Rettungsaktion für New York die Devisenmärkte in Mitleidenschaft zu ziehen begann und die bis dahin für den Dollar günstige Stimmung kehrte. Jedoch schreiben die Devisenmarktspezialisten der New Yorker Fed[1] den ab Anfang Oktober erfolgten scharfen Kurszerfall des Dollars nicht einseitig der New Yorker Krise zu; vielmehr spielte sich dieser in einer Atmosphäre allgemeiner Ungewissheit ab, die neben dem Problem New Yorks auch von dem damaligen Zinsabbau in den Vereinigten Staaten, den Aussichten über einen sich verlangsamenden amerikanischen Konjunkturaufschwung sowie Prognosen einer europäischen Erholung, verbunden mit der Aussicht auf steigende Zinsen im Ausland, genährt wurde.

[1] siehe Fachwörterverzeichnis

In dieser Phase, in der die Devisenmärkte Zeichen der Störungen trugen, schritt der Offenmarktausschuss zu Interventionen zugunsten des Dollars; zwischen dem 1. und dem 15. Oktober intervenierte die Bank an vier Tagen mit D-Mark im Gegenwert von 50,1 Mio $, welche aus Eigenbeständen stammten. Bis Ende Oktober hielt sich die New Yorker Fed dagegen von Stützungskäufen fern. In der Dreimonatsperiode von August bis Oktober nützte die Bank auf der andern Seite die Stärke des Dollars, um allerdings geringe DM-Bestände zu schaffen. Bis Ende September nahm sie DM im Gegenwert von 59,3 Mio $ aus dem Markt, und im Oktober kaufte sie weitere 36 Mio $ in deutscher Währung; ausserdem nützte sie eine Schwäche des belgischen Franc zu Käufen im Gegenwert von 6 Mio $. Wie im Bericht festgehalten wird, nahmen vorab im September ausländische Notenbanken umfangreiche Dollarverkäufe vor, doch traten sie im Oktober überwiegend als Dollarkäufer in Erscheinung.

In der Berichtsperiode nahm die New Yorker Federal Reserve Bank keine Swap-Kredite in Anspruch; Ende Oktober sind demnach nach wie vor 1232,9 Mio $ Kredite ausstehend, wovon 600 Mio $ in Schweizerfranken gegenüber der Bank für Internationalen Zahlungsausgleich in Basel, 371,2 Mio $ gegenüber der Schweizerischen Nationalbank und 261,8 Mio $ gegenüber dem belgischen Noteninstitut.»

Was in den USA durch die «Fachliteratur für Laien» verbreitet wird, hat sich in andern Ländern durch Flüsterpropaganda weitergetragen. Unter dem Titel «Schwere Vorwürfe gegen Schweizer Finanzinstitute» und «Banken als Peseten-Schmuggler?» berichtet das «Badener Tagblatt» am 20. Januar 1976 über einen im Magazin «Der Spiegel» erschienenen Artikel:

«Schweizer Banken und Finanzleute organisieren nach einem Bericht in der jüngsten Ausgabe des westdeutschen Magazins ‹Der Spiegel› einen grossangelegten

Schmuggel mit spanischen Peseten, deren Ausfuhr aus Spanien untersagt ist. Eine ‹Internationale von Banken und Banditen› schaffe täglich dicke Bündel von Tausend-Pesetas-Noten über die Grenze.

Wer als Ausländer mehr Pesetas verdiente, als er nach Hause tragen darf, oder wer einen Verkaufserlös mitnehmen will, gehe Schleichwege. Die ‹Wegweiser› dafür, zumeist biedere Kaufmänner, sitzen nach dem Bericht des Magazins in Genf und Zürich, aber auch in Lugano und Chiasso.

‹Wegweiser› arrangierten die Schmuggeltouren, mieteten professionelle Geldtransporteure und verabredeten Termine und Provision. «Was für den Schmuggler mit seinem Koffer voller Banknoten ein gefährliches Abenteuer ist, wird in der Schweiz zu einem nüchternen Bankgeschäft», schreibt ‹Der Spiegel›. ‹Die Dealer tragen saubere Westen und mehren den Reichtum der Nation.›

Fast alle machen mit

Die Schweiz wird als ‹Umschlagplatz und Sammelstelle für alle Währungen der Welt, die ausserhalb der Legalität von Hand zu Hand gehen› bezeichnet. Es gebe kaum eine Bank, die da nicht mitmische.

Weltweit bekannte Unternehmen schalteten Spezialfirmen ein, die angeblich den kriminellen Teil der Transaktion übernehmen. Das Magazin nennt mehrere Namen von Banken, in denen die Devisenhändler die einschlägige Adresse für Geldexporteure seien. Experten auf dem Notenschwarzmarkt aber seien die zahllosen ‹Sociétés financières› mit Tarnnamen. Das Magazin nennt auch Namen von in Genf angesiedelten «Sociétés financières» und beziffert sogar die Kosten der illegalen Aktion für den Klienten.

Abenteuerliche Schmuggelwege?

Nach den Worten des ‹Spiegels› operieren die Banken oder ‹Sociétés financières› wie folgt: Mittelsmänner in Spanien kassieren den Betrag, den etwa ein deutscher Klient beim Verkauf eines Hauses verdient hat, und der Gegenwert in Deutscher Mark wird auf einem Konto in Genf gutgeschrieben. Das kostet den Klienten rund sieben Prozent der Gesamtsumme. Die Pesetas selbst würden so abenteuerlich ausser Landes geschmuggelt, wie man es aus Kriminalromanen kenne.

Heftige Dementis

Die vom ‹Spiegel› erhobenen Vorwürfe sind von den meisten im Artikel erwähnten Banken als ‹Sensationsmache› bezeichnet worden. Die Foreign Commerce Bank Inc. wollte dazu keinen Kommentar abgeben, und die anderen Banken und Finanzinstitute dementierten die Vorwürfe kategorisch.

Ein Vertreter der Schweizerischen Kreditanstalt erklärte, die SKA betreibe nur legale Geschäfte. Das Personal habe strikte Weisung, keine illegalen Gelder anzunehmen und werde bei Zuwiderhandeln bestraft. Von der Bank Landau Kimche AG war zu erfahren, dass sie wie jede andere Bank mit Pesetas handle, jedoch nicht frage, woher diese stammten. Ob tatsächlich ein Schmuggel stattfinde, könne nicht beurteilt werden. Die Finanzgesellschaften Mirelis SA und Codelis SA bestritten, mit spanischen Devisen Geschäfte zu betreiben.»

In der Nr. 37 vom 14./15. Februar 1976 berichtet die «Neue Zürcher Zeitung» unter dem Titel «Schwarzer Lire-Export in die Schweiz aufgedeckt»:

«Am Grenzposten Chiasso sind italienische Zollbeamte am Freitag bei einer Routinekontrolle einem bedeutenden Kapitalfluchtunternehmen auf die Spur gekommen. In der Tasche eines jungen Botengängers fanden sich schriftliche Beweise dafür, dass zwei italienische Ingenieure elf Milliarden Lire in die Schweiz schmuggeln liessen. Obwohl jeglicher Kapitaltransfer aus Italien seit dem 20. Januar verboten ist, gelang es den beiden offensichtlich, die genannte Summe in den letzten Wochen in die Schweiz zu schaffen.»

Die Folgen von solchen und andern Schiebungen werden in der gleichen «NZZ» dargelegt:

«Die zunehmende Wiedererstarkung des Frankens wird in Devisenhändlerkreisen damit erklärt, dass die schweizerische Währung im Zuge der Unsicherheit innerhalb der ‹Schlangen›-Länder mehr und mehr aus dem ‹Schatten› der D-Mark herausgetreten sei. Zudem ist ein ungebrochenes Interesse nach harten Währungen von seiten der als schwächer bezeichneten (Lira, Peseten) zu verzeichnen. Ausserdem seien – solange die $-Käufe der Deutschen Bundesbank die entsprechenden Verkäufe der Banque de France nicht ausglichen – grössere Dollarpositionen im Markt, die sich schliesslich dem Franken zuwendeten. Die beruhigenden Äusserungen des französischen Ministerpräsidenten in Nizza hatten nur vorübergehende Wirkung um die Mittagszeit. Kurz darauf sollen amerikanische Banken erneut französische Franken abgegeben haben.»

Die Schweiz – ein sicheres Gläubigerland

Warum überschwemmen die Spekulanten, ausländischen Banken, Noteninstitute anderer Staaten und die Ölländer die Schweiz mit Geld? Weil die Schweiz als Gläubigerin sicherer ist als alle anderen Staaten und weil durch das ständige Ansteigen des Schweizerfrankens Spekulationsgewinne erwartet werden.

Das viele Geld, das auf diese Art der Schweizerischen Nationalbank und den übrigen Banken zufliesst, können sie ja nur zu einem geringen Teil behalten, sie wollen den grössten Teil weitergeben und zwar an ausländische Unternehmen, an andere, wirtschaftlich schwächere Staaten sowie an Entwicklungsländer. Damit wird die Schweiz zu einem aufgeblähten Finanzinstitut, das auf der einen Seite Riesensummen schuldet und auf der anderen Seite ebenso grosse Guthaben gegenüber schwächeren Zahlern hat. Das Geld, das uns von Spekulanten, ausländischen Banken, Noteninstituten und Olländern zufliesst, schulden wir nämlich all diesen «Geldgebern», die nur ihre eigenen Interessen wahren und die Gelder wieder abziehen, wenn der Wind einmal kehrt. Das wird der Fall sein, wenn grosse Teile unserer Exportindustrie infolge des hohen Schweizerfrankenkurses wesentliche Vermögens- und Weltmarktanteile verloren haben oder arbeitsintensive Betriebe ins Ausland verlegt wurden und eine grosse Zahl von Arbeitsplätzen leer steht (siehe England). Die Exportindustrie – das Rückgrat unserer heutigen, noch einigermassen intakten Wirtschaft – wird dann, einer lahmen Ente gleich, der übrigen schweizerischen Wirtschaft keinen Halt mehr bieten können. In der Zeit, in der es uns schlecht geht, werden alle Gläubiger, das Geld, das sie uns heute so freigiebig zuschieben, zurückverlangen, und wehe, wenn wir es dann bei unseren Schuldnern nicht einholen können, oder wenn diese nicht in der Lage sind, ihre Schulden zurückzuzahlen! Ein privates Unternehmen würde in Konkurs gehen. Die Schweizerische Nationalbank wird dann neues Geld schaffen und damit die Schulden zahlen. Die Schaffung von so viel neuem Geld treibt aber die Inflation in einem bisher noch nie gekannten Ausmass an und stellt die ganze Stabilisierungspolitik auf den Kopf. Dies geschieht nicht aus eigenem Triebe, sondern der Not gehorchend. Dr. F. Leutwiler hat in seinem Vortrag mehrmals darauf hingewiesen. Eine ähnliche

Situation hat sich in der Zeit von 1966-1972 in den Vereinigten Staaten von Amerika abgespielt. Obwohl die USA eine riesige Binnenwirtschaft haben – also wenig auslandabhängig sind – und eine intakte Industrie besassen, erlitten sie die grösste Inflation seit ihrem Bestehen, da die Europäer und andere Staaten das ihnen in früheren Jahren geliehene Geld abzogen. Die Vereinigten Staaten hatten das Geld nicht flüssig und das Gold bis auf einen minimalen Stock bereits abgegeben. Sie liessen die Notenpresse laufen und erzeugten ihre Inflation. Mit dem neu geschaffenen Geld zahlten sie nicht nur ihre Schulden, sondern exportierten ihre Inflation in alle anderen Länder, insbesondere auch in alle europäischen. Der Inflation folgten die Rezession und die Arbeitslosigkeit, und so wurde die Krise der Siebzigerjahre geschaffen.

Auch noch auf eine andere Art kann die Inflation bei uns neu entstehen. Es besteht die Möglichkeit, dass der Schweizerfranken zufolge seines hohen Kurses für unsere Abnehmer uninteressant wird. Sie werden dann ihre Schulden zurückbezahlen und kein Geld mehr entgegennehmen. Zudem kommt von der Spekulation immer noch neues Geld dazu. Die Geldmenge in der Schweiz steigt in astronomische Zahlen und löst eine Inflation aus, die derjenigen der Jahre 1972/74 nicht nachstehen wird.

Die Auswirkungen des zu hohen Schweizerfrankenkurses und einer darauf folgenden Inflation sind die gleichen: Die Schweizerware wird im Ausland immer teurer. Die Arbeitslosenzahlen in der Schweiz steigen, Arbeitnehmer der Exportindustrie müssen Lohnsenkungen zugestehen, die Schweizerunternehmen verlieren Reserven um Reserven, sie erleiden noch und noch Verluste. Sie können keine neuen Maschinen mehr kaufen und keine besseren Verfahren und Produkte mehr entwickeln. Die Forschung gerät in Rückstand, weil der Ertrag – aus dem sie zu bezahlen wäre – fehlt. Die schweizerische Industrie verliert mehr und mehr ihre Konkurrenzfähigkeit und wird von den Industrien anderer Länder technisch überholt. Daraus kann folgende Kettenreaktion entstehen:

1. Phase: Heimarbeiter, Frauen und Pensionierte werden nicht mehr beschäftigt.

2. Phase: Ganze Belegschaften arbeiten kurz, Fremdarbeiter werden abgebaut.

3. Phase: Ein Teil der Arbeitnehmer wird entlassen, es gibt Arbeitslose.

4. Phase: Einzelne Abteilungen und Zweigbetriebe werden geschlossen, es gibt mehr Arbeitslose.

5. Phase: Die Arbeitnehmer verzichten auf einen Teil ihres Lohnes, um die Existenz der Unternehmen und damit ihre Arbeitsplätze zu erhalten.

6. Phase: Unternehmungen, die noch die Kraft und die nötige Erfahrung haben, verlegen ihre Tätigkeit ins Ausland. Es gibt noch mehr Arbeitslose und weitere Lohnsenkungen bei den Zurückgebliebenen.

7. Phase: Ganze Betriebe werden stillgelegt oder gehen in Konkurs. Das führt zu neuen Arbeitslosen und neuen Lohnsenkungen bei den weiter vegetierenden Unternehmen.

8. Phase: Ganze Industriezweige und Branchen sind nicht mehr konkurrenzfähig und gehen ein. Die Arbeitnehmer ganzer Industrieregionen werden arbeitslos.

9. Phase: Die Banken verlieren wesentliche Teile ihres ausgeliehenen Geldes. Es fängt auch bei ihnen an zu «kriseln».

10. Phase: Die Sparer bekommen Angst um ihr Geld und stürmen die Banken. Die Bankschalter werden geschlossen.

2. Wirkungsvolle Massnahme zur Senkung des Frankenkurses

Der Damm gegen die Geldflut

Kann der bereits in dieser Richtung fahrende Zug rechtzeitig gestoppt werden? Sicher. Er bewegt sich heute zwischen der 3. und 4. Phase. Der Bundesrat und das Direktorium der Schweizerischen Nationalbank haben es in der Hand, den fahrenden Zug heute schon zu bremsen. Sie müssen nur den Auftrag, den ihnen das Schweizervolk am 8. Juni 1975 erteilt hat, richtig ausführen.

Vor der Abstimmung, am 7. Mai 1975, schrieb die «Neue Zürcher Zeitung» unter dem Titel «Damm gegen Auslandgelder:

Der genannte Beschluss enthält keine konkreten Massnahmen. Vielmehr ermächtigt er den Bundesrat bei *schwerwiegenden Störungen der internationalen Währungsverhältnisse,* in Verbindung mit der Schweizerischen Nationalbank ausserordentliche Massnahmen zu treffen, die er zur Führung einer dem Gesamtinteresse des Landes dienenden Währungspolitik als notwendig und unaufschiebbar erachtet, namentlich um den Zufluss ausländischer Gelder abzuwehren und ihren Abfluss zu fördern. Darüber hinaus können Vereinbarungen zwischen der Nationalbank und einer Mehrheit der zum Beitritt aufgeforderten Personen und Gesellschaften vom Bundesrat allgemeinverbindlich erklärt werden. Ferner sind im Beschluss Bestimmungen über dessen Durchführung und Überwachung festgelegt.

Der Währungsbeschluss hat demnach im wesentlichen zum Ziel, den Zustrom ausländischer Gelder zu bremsen. Nach Ansicht der zuständigen Behörden ist zwar die Ausgangslage mit der Freigabe des Wechselkurses verändert worden, aber die Notwendigkeit, den Schweizerfranken gegen gefährliche Störungen aus dem Ausland zu schützen, bleibt grundsätzlich bestehen. Der hohe Frankenkurs hat zudem zu ernsthaften Schwierigkeiten bei der Exportindustrie und beim Fremdenverkehr geführt.»

Diese richtige Erkenntnis, die ihren Ursprung im Bundeshaus hat, führte nach der Abstimmung zur Einführung von Massnahmen, die aber leider erfolglos blieben. Massnahmen, die der Erkenntnis entsprochen hätten, wurden und werden immer noch abgelehnt.

Der zu errichtende Damm muss so gut sein, dass er nicht umgangen oder unterspült werden kann. Dieser Damm kann aus nichts anderem bestehen als aus einer staatlichen Devisenkontrolle. Die Devisenkontrolle mit Beschränkung der Konvertibilität[1] ist die einzige Alternative zum nicht funktionierenden Floating[1].

Was heisst Devisenkontrolle?

Es gibt in der Schweiz noch viele Fachleute, die die Devisenbewirtschaftung[1] aus eigener Erfahrung kennen. Sie wurde letztmals 1939/40 eingeführt und 1959 aufgehoben. Die neu zu schaffende Devisenkontrolle hat aber eine viel einfachere Funktion, als die frühere Verrechnungsstelle. Eine staatliche Stelle (sie hat die Wirkung eines Siebes) muss jeden Devisenimport, d.h. jedes Umwechseln von ausländischem Geld in Schweizerfranken, von einem bestimmten Betrag an, z.B. Fr. 100 000.–, genehmigen oder ablehnen. Zu diesem Zweck hat der Bundesrat Rahmenbedingungen aufzustellen, die die Konvertibilität[1] des Schweizerfrankens beschränken. Zu genehmigen sind sämtliche Guthaben von Schweizern,

[1] siehe Fachwörterverzeichnis

die durch einen Warenexport, durch Investitionen im Ausland, durch Versicherungen von ausländischen Personen und Sachen, durch Lizenzen, Dienstleistungen oder Kapitalanlagen im Ausland entstanden sind. Nicht oder nur beschränkt zu genehmigen sind alle Geldüberweisungen von Ausländern oder ausländischen Instituten über Fr. 100000.–, die nicht für sachliche Investitionen oder für arbeitsbeschaffende Tätigkeit vorgesehen sind. (Dies ist nur ein grober Umriss. Es kann nicht im Rahmen dieser Arbeit liegen, den Vorschlag im Detail auszugestalten.) Keinen Bestimmungen unterliegen der Fremdenverkehr und der kleine bis mittlere Warenverkehr, da diese im Einzelfall Fr. 100000.– selten überschreiten.

Einen Teil einer solchen Devisenkontrolle hat der Bundesrat am 21. April 1976 in Kraft gesetzt, indem er die Einfuhr ausländischer Banknoten auf den Gegenwert von 20000 Franken pro Person und Quartal beschränkte. Die Einfuhr von ausländischen Banknoten ist aber nur ein kleiner Bruchteil der gesamten Devisen, die in unser Land fliessen.

Die Devisenkontrolle kann stark reduziert werden oder fällt dahin, wenn es gelingt, ein internationales Währungsabkommen zu beschliessen, das einen Ausgleich der Zahlungsbilanz garantiert und die Kurse nur noch innerhalb einer schmalen Bandbreite floaten[1] lässt.

Vorteile der Devisenkontrolle:

- Sie hat psychologische Auswirkungen, indem sie auf die Spekulation abschreckend wirkt.
- Sie ist die einzig mögliche Alternative zum bestehenden Floating, das unsere Wirtschaft schwächt, die Arbeitslosenzahlen längerfristig erhöht und die Löhne drückt.

siehe Fachwörterverzeichnis

- Der Bundesrat kann den Schweizerfranken zum Kurswert der Sonderziehungsrechte = (durchschnittlicher Kurs von 16 Währungen) fixieren und nur noch innerhalb einer schmalen Bandbreite, z.B. 5%, floaten lassen.
- Der Bundesrat kann eine Abwertung durchführen.
- Der unserer Kontrolle entzogene Schweizerfranken – der sich im Ausland befindet – wird sich auf die angesetzten Spannweiten einspielen.
- Die Nationalbank muss nicht mehr im Devisenmarkt intervenieren.
- Die Nationalbank kann sich beim Kapitalexport auf den Überschuss der Ertragsbilanz beschränken und muss nicht mehr riesige Summen von Spekulationsgeldern entgegennehmen und wieder exportieren.
- Der Bundesrat hat zusammen mit der Nationalbank die Möglichkeit, eine Inflation, wie wir sie 1971 bis 1974 erlebten, zu verhindern, indem er die nationale Geldmenge besser steuern kann.
- Die schweizerische Exportindustrie kann wieder mit normalen Margen rechnen und mit den übrigen Ländern konkurrieren. Die Arbeitslosenzahlen werden wieder absinken und auch längerfristig bedeutungslos bleiben.
- Der Schweizerfranken kann nicht mehr weiter in die Funktion einer Weltleitwährung hineinwachsen.
- Der Finanzplatz Schweiz wird in seiner Bedeutung eingeschränkt, aber immer noch einer der wichtigsten in Europa bleiben.

Nachteile der Devisenkontrolle:

- Die Banken, die Exportindustrie und die übrige Aussenwirtschaft müssen sich dem Genehmigungsverfahren unterziehen und haben dadurch einen etwas grösseren administrativen Aufwand.
- Die Niederlassungen der ausländischen Banken in der

Schweiz und die wenigen Schweizerbanken, die in grösserem Ausmass mit Devisen handeln, können keine übermässigen Gewinne, aber auch keine entsprechenden Verluste mehr machen, da es nicht mehr möglich sein wird, Unsummen von Geldern in fremder Währung zu günstigen Konditionen in die Schweiz hereinzunehmen, sie bei der Nationalbank in Schweizerfranken umzuwandeln und diese Schweizerfranken wieder zu einem hohen Zins im Ausland anzulegen. Dieses unnatürliche und für die Schweiz sehr schädigende Bankgeschäft muss unterbunden werden, wenn wir wollen, dass die schweizerische Wirtschaft aus der Krise herauskommt.

Es ist zu erwarten, dass gegen die Einführung einer Devisenkontrolle Sturm gelaufen und sie als staatlicher Eingriff in die private Wirtschaft an den Pranger gestellt wird. Die Behauptung, eine Devisenkontrolle stehe im Widerspruch zur freien Marktwirtschaft, hält einer näheren Prüfung nicht stand. Die vorgeschlagene Devisenkontrolle mit Beschränkung der Konvertibilität[1] hat mit einer Devisenbewirtschaftung, wie sie in vielen westlichen Ländern betrieben wird, nichts zu tun.

Es gibt verschiedene Arten von Devisenbewirtschaftungen[1], die auch kombiniert werden können.

1. Für den Warenverkehr wird ein anderer Kurs festgelegt als für den Finanzverkehr.
2. Die Exporteure sind verpflichtet, die ihnen anfallenden Fremdwährungen abzuliefern; die Importeure erhalten auf Gesuch hin Devisen zugeteilt in einem Ausmass, das dem Staat in sein Konzept passt. Damit verbunden ist in den meisten Ländern eine Bewilligungspflicht aller Investitionen von Ausländern sowie Verzinsungen und Rückzahlungen solcher Investitionen; ebenso können auch alle oder nur bestimmte Wertpapierkäufe bewilligungspflichtig sein.

Durch solche Massnahmen wird der freie Waren-

[1] siehe Fachwörterverzeichnis

handel und damit auch die Preisbildung und der freie Wettbewerb eingeschränkt. Eine Devisenkontrolle – wie sie auf Seite 60/61 vorgeschlagen ist – lässt hingegen dem Warenhandel, ohne Einschränkungen, freien Lauf, beseitigt die wettbewerbsverzehrenden Kurse und stoppt den für unser Land schädlichen, übermässigen Devisenzufluss.

Kein Widerspruch zur freien Marktwirtschaft

Eine freie Marktwirtschaft verdient – nach dem theoretischen Leitbild – diese Bezeichnung nur, wenn nebst dem freien Wettbewerb, dem freien Warenhandel und der freien Preisbildung auch der freie Zahlungsverkehr gewährleistet ist. Jedermann weiss, dass die «freie Marktwirtschaft» in dieser Absolutheit nicht existiert. Ordnungspolitische und andere Faktoren sowie Schutzmassnahmen verschiedenster Art haben sie eingeschränkt.

Alle Währungen sind staatliche Zahlungsmittel. Der Staat ist verantwortlich für den Zahlungsverkehr. Innerhalb der Schweiz regelt die Bundesverfassung das Zahlungsmittel in Art. 39:

«Das Recht zur Ausgabe von Banknoten und anderen gleichartigen Geldzeichen steht ausschliesslich dem Bunde zu.

Der Bund kann das ausschliessliche Recht zur Ausgabe von Banknoten durch eine unter gesonderter Verwaltung stehende Staatsbank ausüben oder es vorbehältlich des Rückkaufsrechtes einer zu errichtenden zentralen Aktienbank übertragen, die unter seiner Mitwirkung und Aufsicht verwaltet wird.

Die mit dem Notenmonopol ausgestattete Bank hat die Hauptaufgabe, den Geldumlauf des Landes zu regeln und den Zahlungsverkehr zu erleichtern.»

Weiter heisst es in Absatz 6:

«Eine Rechtsverbindlichkeit für die Annahme von Banknoten und anderen gleichartigen Geldzeichen kann der Bund, ausser bei Notlagen in Kriegszeiten, nicht aussprechen.»

Nach Bundesrecht kann also niemand gezwungen werden, Banknoten anzunehmen, wenn er es nicht will. Aus welchem Grunde soll nun das, was für die Schweiz gilt, international nicht gelten? Wieso soll die Schweizerische Nationalbank verpflichtet sein – wenn auch nicht rechtlich, so doch faktisch – ausländisches Geld anzunehmen, nachdem kein internationales Währungsabkommen mehr besteht? Nur um die Konvertibilität[1] zu erhalten? Zu wessen Gunsten?

Über die internationalen Währungsordnungen schreibt Wilhelm Hankel in seinem Buch «Der Ausweg aus der Krise»:

«Die Geschichte der drei internationalen Währungsordnungen, die die vergangenen 150 Jahre hervorgebracht und auch wieder zerschlissen haben, verrät einiges, wenn auch nicht alles. Internationale Währungsordnungen haben immer etwas mit Krieg und Frieden zu tun. Grosse Friedensschlüsse bringen sie hervor: Der Wiener Friede von 1815 den Goldstandard, der Versailler Friede von 1919 den Gold-Devisen-Standard von Genua und der sich dem Ende nähernde zweite Weltkrieg 1944 das Bretton-Woods-System[1], das ein Vorgriff auf den Frieden der Zeit danach war. Kriege beendeten Währungszeitalter. 1914 ist klar, aber welcher Krieg brach 1931 aus?

Die Politiker, die damals den Gold-Devisen-Standard[1] aufkündigten, am konsequentesten die deutschen, sagten nicht nur dem internationalen System und seinen Spielregeln den Krieg an, um zuhause freie Hand für die Bekämpfung von Arbeitslosigkeit und Krise zu bekommen...

[1] siehe Fachwörterverzeichnis

Und welche Kriegserklärung steckt hinter der Kündigung des Bretton-Woods-Systems auf Stottern: Zuerst am 9. Mai 1971 durch den deutsch-niederländischen Float-Beschluss, die Antwort der USA am 15. August 1971 durch die ‹Entgoldung› des Dollars, den Scheinfrieden des Smithsonian[1] vom Ende des Jahres 1971 und dem dann endgültigen Ausbruch in das Floaten aller gegen alle am 19. März 1973?

Die Sache begann als ein Aufstand Europas gegen das Währungsprivileg der USA. Der US-Dollar sollte als Reservewährung entthront werden. Aber durch was wollte man ihn eigentlich ersetzen? Die Aufständischen wussten die Antwort weder damals, noch wissen sie sie heute: Durch die Sonderziehungsrechte[1]? Oder die europäische Währungsunion? Bei Lichte besehen, war es die Tat monetärer Anarchisten.

Sie hatten etwas gegen den Dollarstandard, der eine Inflation symbolisierte, die sie selber machten. Aber in der Frage des Wofür zeigten sie sich uneinig und zerstritten. Nicht einmal das Floating fand die einheitliche Begeisterung aller Dollarputscher. Wie immer in ungeklärten Situationen setzen sich die Stärksten durch – und das waren die Deutschen. Man floatete, weil sie es wollten und niemandem etwas Besseres einfiel.»

An anderer Stelle schreibt Wilhelm Hankel:

«Diese Krise (gemeint ist die jetzige) ist eine Krise der westlichen Wirtschafts- und Währungspolitik. Nicht der Unternehmer, nicht der Manager, nicht der perhorreszierten Multis noch der Mineralölpotentaten. Sie lässt sich darum auch nicht durch noch so raffinierte Unternehmensstrategien, offensiver oder defensiver Natur: Diversifikation, Kooperation, Fusion oder Produktionsverlagerung aus der Welt schaffen. Unternehmer können erst wieder richtig rechnen, wenn die Zahlen stimmen und nicht durch ein Heer von unübersehbaren Risiken zu Wahrscheinlichkeiten degradiert sind. Die Wirt-

[1] siehe Fachwörterverzeichnis

schaftspolitiker sind aufgefordert, sich auf ein Mindestmass weltwirtschaftlicher Ordnungsregeln festzulegen: in der Währungs-, Handels- und weltweiten Verteilungspolitik. Wir brauchen nicht nur Freiheit, sondern auch Ordnung für das wirtschaftliche Verhalten der Staaten.»

Ist die Ordnung für das wirtschaftliche Verhalten anderer Staaten gestört und wird diese Störung von Spekulations- und Fluchtgeldern noch erhöht, kann die Schweiz naturgemäss nicht einfach zuwarten, den weltgewandten Gentleman spielen und alle diese Flucht- und Spekulationsgelder in Schweizerfranken umwandeln lassen, obwohl sie dazu nicht verpflichtet ist. Um ihre eigene Ordnung in der Wirtschaft zu erhalten, ist es ihre Pflicht, einzugreifen und dafür zu sorgen, dass die private und freie Marktwirtschaft wirklich gedeihen kann und nicht durch internationale Hasardeure geschwächt wird. Eine massvolle Devisenkontrolle hat nur die Funktion, Ordnung zu schaffen. Sie hat zu verhindern, dass die immer wellenartig wiederkehrende Geldschwemme auf die Schweiz zukommt. Die Devisenkontrolle ist kein grösserer Eingriff in die freie Marktwirtschaft als die Beschränkung des Verkaufs von Schweizerboden an Ausländer oder die zahlenmässige Begrenzung der ausländischen Arbeitskräfte. Sie schützt ebenso die Arbeitsplätze unserer Schweizerarbeiter wie das wirtschaftliche Potential, das investierte Privatvermögen und die Wettbewerbsfähigkeit unserer Industrie. Übrigens sind die jetzigen Interventionen der Schweizerischen Nationalbank auch Eingriffe in den nichtfunktionierenden Währungsmechanismus, die weiterreichende Folgen haben können als eine massvolle Devisenkontrolle mit Beschränkung der Konvertibilität. Hat sich der Bundesrat darüber wirklich einmal Gedanken gemacht? Wohl kaum, sonst hätte mir das Generalsekretariat des Eidgenössischen Volkswirtschaftsdepartements eine andere Antwort gegeben (siehe Seite 36).

Mitte Juni 1976 schreibt der Vorort seinen Mitgliedern u.a.:

«Wir resumieren nachfolgend die von der Schweizerischen Nationalbank, teilweise in Zusammenarbeit mit den Geschäftsbanken, zu Beginn dieser Woche getroffenen bzw. intensivierten Vorkehren, die bezwecken, den Kurstrend umzukehren:

- Interventionen am Devisenmarkt, die notfalls erhebliche Grössenordnungen annehmen können, mittels Ankauf von Dollars und D-Mark, sowie allenfalls Blockierung der resultierenden Frankengegenwerte auf unverzinslichen Konten bei der Nationalbank.
- Weitere Reduktion des Volumens der Schweizerfranken-Terminverkäufe der Banken an Ausländer, mit sofortiger Wirkung.
- Abschluss eines Gentlemen's Agreements zwischen der Nationalbank und den Banken, die im Ausland Filialen und Tochtergesellschaften unterhalten. Das Abkommen tritt am 15. Juni 1976 in Kraft. Die daran beteiligten Banken weisen ihre ausländischen Filialen und Tochtergesellschaften an, von Transaktionen mit offensichtlich spekulativem Charakter gegen den Schweizerfranken Abstand zu nehmen. Die betreffenden Banken verzichten ferner darauf, von der Schweiz aus für ihre Filialen und Tochtergesellschaften im Ausland in deren Namen und für deren Rechnung Euro-Frankendepots[1] oder Direktanlagen in Schweizerfranken zu tätigen.
- Reduktion des offiziellen Diskontsatzes von 2½% auf 2% und des Lombardsatzes von 3½% auf 3% mit Wirkung ab 8. Juni 1976.»

Diese Massnahmen sind – abgesehen von der Diskontsatzänderung – wirkliche Eingriffe in die freie Marktwirtschaft. Unverständlicherweise werden sie toleriert, ja sogar gefördert, obwohl sie nur eine sehr beschränkte Wirkung haben und mehr Unordnung als Ordnung schaf-

[1] siehe Fachwörterverzeichnis

fen. Den Stier bei den Hörnern packen und eine beschränkte Devisenkontrolle einführen will der Vorort nicht. Der Bundesrat aber wäre verpflichtet, eine Devisenkontrolle einzuführen und damit die Währung zu schützen. Eine freie Marktwirtschaft kann nur gedeihen, wenn die Währung einigermassen stabil ist und die Kursrelation zu andern Währungen im Verhältnis zur Kaufkraft steht. Seit Mitte 1974 ist aber der Schweizerfranken davon weit abgewichen.

Die Währung ist keine Ware

Nach der Aufhebung des internationalen Währungsabkommens von Bretton-Woods[1] wurde versucht, die Währungen den Waren, wie Kaffee, Zucker, Metalle etc., gleichzustellen. Die massgebenden Ökonomen glaubten, die Kurse würden sich nach Angebot und Nachfrage richten, die sich durch die Entwicklung der einzelnen Volkswirtschaften von selbst nach objektiven Kriterien einspielen. Diese Wissenschafter sollten aber wissen, dass sich die Kurse der Währungen - im Gegensatz zum Warenpreis - nur zu einem geringen Teil nach Angebot und Nachfrage bilden. Andere, besonders psychologische Faktoren, wie politische oder soziale Unruhen, die Angst vor möglichen Verlusten (z.B. die Finanzkrise von New York, die Regierungskrise in Italien, die Vermutung einer Abwertung des französischen Franc, etc.) bestimmen die Währungskurse. Solche Krisenerscheinungen, die selten von der wirtschaftlichen, aber fast immer von der politischen Seite her entstehen, nutzt die Spekulation in einem immensen Ausmass. Sie spielt sie hoch, dramatisiert sie und schafft innert weniger Stunden weltweite Stimmungen, in denen sie zu Lasten

[1] siehe Fachwörterverzeichnis

der Ängstlichen und Schwächeren ihr Geld verdient. Natürlich geht hie und da der Schuss auch hinten hinaus. Der indirekte Schaden dieses modernen internationalen Raubrittertums ist aber weit grösser und geht stets zu Lasten zahlreicher Volkswirtschaften.

Statt dass sich die Notenbankinstitute der einzelnen Länder diesem üblen Spiel entgegenstellen, mixen sie oft noch selbst mit und steigern mit ihrem riesigen Finanzpotential die Geldflüsse zu Strömen, die dann die Länder mit harter Währung – insbesondere die Schweiz – überschwemmen.

Bei der Entstehung der offenen Marktwirtschaft brauchte man ein allgemein anerkanntes Tauschmittel. Die beiden Metalle Gold und Silber hatten schon in der Frühzeit einen allgemein anerkannten Wert. Durch die Stückelung der Metallkörper wurden Gold- und Silbermünzen und damit das Geld geschaffen. Nach der Entstehung des industriellen Zeitalters musste man bald die Erfahrung machen, dass das Geld seine Funktion als Tauschmittel nur erfüllen kann, wenn es einen konstanten Wert hat und in genügender (nicht zu grosser und nicht zu kleiner) Menge vorhanden ist. Es war aber unmöglich, diesen Ausgleich auf dem freien Markt zu finden. Deshalb wurde das Geld in sämtlichen Ländern der Welt in die Obhut des Staates gegeben. In der Verfassung und in den Gesetzen eines jeden Landes wird das Recht zur Ausgabe von Geld (Münzen und Noten), der Geldumlauf und anderes mehr geregelt. Durch viele Erfahrungen in Konjunktur- und Krisenzeiten kam man zur Erkenntnis, dass eine Volkswirtschaft nur gedeihen kann, wenn der Wert des Geldes stabil bleibt, das Geld als Tauschmittel kein Spekulationsobjekt sein kann und die Geldmenge dem Bedarf der Wirtschaft angepasst ist. Die gleichen, für eine nationale Wirtschaft geltenden Kriterien sind auch für das Gedeihen des internationalen Handels massgebend. Es gibt aber keine Weltregierung, und es kann keine geben, die die Macht und den Einfluss hat, eine Weltwährung zu schaffen, in der das Geld einen stabilen Wert hat – es müsste ja auch überall das gleiche Geld sein –, es nicht Spekulationsobjekt sein kann und die Geldmenge dem Bedarf der Weltwirtschaft angepasst ist. Deshalb wird immer wieder versucht, durch internationale Abkommen die verschiedensten Landeswährungen so aneinander zu koppeln, dass die gleiche Wirkung entsteht wie bei einer Weltwährung. In diesem Geist entstand das Bretton-Woods-Abkommen[1].

Im grossen und ganzen funktionierte dieses Abkommen in den ersten Jahren ausserordentlich gut. Wenn der Produzent im Lande X seine Artikel einem Abnehmer im Lande Y verkaufte, konnte der Abnehmer in seiner Währung bezahlen, das Geld wurde an einer Zahlungsstelle in die Landeswährung des Produzenten X umgewechselt und der Produzent erhielt den in Rechnung gestellten und für sein Produkt angemessenen Gegenwert.

Das Bretton-Woods-Abkommen[1] wurde erstmals 1958, dann aber mehr und mehr untergraben, bis es 1973 zur vollständigen Aufhebung kam. Je mehr das internationale Abkommen untergraben wurde, desto mehr wurde das Geld seinem eigentlichen Zweck (Tauschmittel gegen Ware oder Dienstleistungen) entfremdet. Das Geld des einen Landes wurde zum Spekulationsobjekt aller andern Länder. Seit 1971, das heisst seit der Schweizerfranken höher und höher steigt, sind die Schweizer, die ausländische Devisen kaufen, fast immer auf der Verliererseite. Hingegen verdienten die Amerikaner, Deutschen, Franzosen und andere, welche Schweizerfranken kauften, fast immer sehr viel Geld. Es muss deshalb niemand erstaunt sein, wenn die Geldströme ihren Weg in die Schweiz suchen und hier in Schweizerfranken gewechselt werden wollen. Dadurch wird der Schweizerfranken rar (nicht wegen des Waren-

[1] siehe Fachwörterverzeichnis

handels, sondern wegen der Spekulation), und der Kurs steigt. Verkauft nun der Produzent in der Schweiz seine Produkte dem Abnehmer im Lande Y, muss dieser Abnehmer seine erhaltene Ware über den gleichen Kanal, durch den auch die Spekulation geht, bezahlen. Es gibt keine Ausweichmöglichkeit. Er bezahlt in seiner Landeswährung für die aus der Schweiz erhaltene Ware entweder zu viel, oder der Schweizerproduzent erhält für seine Produkte zu wenig Schweizerfranken. Der ausländische Abnehmer ist nur in den wenigsten Fällen bereit, einen zu hohen Preis zu leisten. So muss sich in den meisten Fällen der Schweizerproduzent mit einem Minderertrag von durchschnittlich 25% zufrieden geben. (Die tiefgreifenden, für die Exportwirtschaft sehr negativen Auswirkungen dieses Geldverlustes sind an anderer Stelle beschrieben).

Dieser Wertverlust steht im Widerspruch zum im «Bundesgesetz über die Schweizerische Nationalbank» umschriebenen Aufgabenbereich. In Art. 2 heisst es: «Die Nationalbank hat die Hauptaufgabe, den Geldumlauf des Landes zu regeln, den Zahlungsverkehr zu erleichtern und eine den Gesamtinteressen des Landes dienende Kredit- und Währungspolitik zu führen.»

Prof. Dr. E. Gsell umschrieb in seinem Buch «Betriebswirtschaftslehre» die Währungspolitik wie folgt:

«Die Währungspolitik hat drei Aufgaben:
1. Sie sorgt für die Erhaltung des Wertes der Landeswährung im internationalen Verkehr.
2. Sie hat für die Erhaltung der Kaufkraft des Geldes im Inland zu sorgen.
3. Sie dient der Ordnung der internationalen Zahlungsbeziehungen in Zusammenarbeit mit anderen Ländern.»

Da die Nationalbank es zuliess, dass die Währung zum Spekulationsobjekt degradiert und dadurch mit mindestens 25% überbewertet wurde, hat sie die ihr vom Bund und Volk zugewiesene Aufgabe nur ungenügend erfüllt.

Die Agrarprodukte wurden schon seit Jahrzehnten dem freien Spiel von Angebot und Nachfrage durch klare gesetzliche Bestimmungen entzogen (Landwirtschaftsgesetz). Im Gegensatz dazu haben Politiker und gewisse Nationalökonomen das viel kostbarere Gut, die Währung, neu dem Angebots- und Nachfrage-Mechanismus unterworfen. Aus Opportunität oder aus mangelnden praktischen Kenntnissen glaubten sie, allein sei man am stärksten. Eine wirksame nationale Regelung (wie bei den Agrarprodukten) haben sie abgelehnt und damit die Währung einem üblen «Boule-Spiel» ausgesetzt.

Ein ehemaliger entschiedener Befürworter von flexiblen Wechselkursen, Dr. Helmut Schlesinger, Mitglied des Direktoriums der Deutschen Bank, hat stark zurückgesteckt und an einem Vortrag im Institut für Auslandforschung in Zürich gemäss «Neuer Zürcher Zeitung» vom 26. Februar 1976 erklärt:

«Mit dem Hinweis auf die unterschiedlichen Wechselkurssysteme sind freilich die Einflüsse, die von der internationalen Seite auf die nationale Geldpolitik ausgeübt werden, nicht erschöpfend gewürdigt. Es kommt hinzu, dass sich die Wirklichkeit zwischen den reinen Modellfällen fester und flexibler Wechselkurse abspielt. Es bedarf keiner näheren Begründung, dass in einem gemeinsamen Markt mit vielen gemeinsamen Marktregelungen (z.B. für Agrarprodukte) möglichst feste Währungsrelationen angestrebt werden... Zwar ist es richtig, dass der Geldwert stark durch internationale Einflüsse gefährdet wird, aber er lässt sich bis auf weiteres nur durch nationale Massnahmen sichern. Dies festzustellen, bedeutet keine nationalstaatliche Engstirnigkeit, sondern eine Beschreibung des gegenwärtigen Zustandes. Jedenfalls gibt es – for the time being[1] – keine internationale Politik zur Sicherung des Geldwertes der einzelnen Währungen. Das bleibt bis auf weiteres jedem einzelnen Land – wenn auch in internationaler Zusam-

[1] vorderhand (der Autor)

menarbeit – überlassen. Um so wichtiger ist es, dass die nationalen geldpolitischen Instanzen genügend Autonomie und genügend Mittel haben, um ihrem Auftrag gerecht werden zu können.»

Man muss anerkennen, dass es den Deutschen gelungen ist, ihre Kursrelation in einem erträglichen Verhältnis zu den anderen Währungen zu halten, gegenüber der schweizerischen sogar wesentlich zu verbessern. Leider hat unsere schweizerische Behörde 1973 den Zug verpasst, als sie von der falschen Annahme ausging, der Schweizerfranken werde weniger in die Höhe getrieben als die D-Mark. Diese falsche Politik kann nur durch die Einführung einer Devisenkontrolle mit für Spekulanten beschränkter Konvertibilität[1] unserer Währung korrigiert werden. Der Währung ist die ihr gebührende Bedeutung in der schweizerischen Politik zu schenken. Sie darf nicht mehr wie eine Ware behandelt und dem von der Spekulation sowie von andern Faktoren beeinflussten Angebots- und Nachfragespiel ausgesetzt werden.

Nur eine Selbsthilfemassnahme

Der Welthandel ist für die schweizerische Wirtschaft von immenser Wichtigkeit. Sie hat deshalb das grösste Interesse, dass dieser Welthandel in Freiheit und Ordnung gedeihen kann. Voraussetzung dazu ist ein internationales Währungssystem, das funktioniert. In der «NZZ» vom 17./18. Januar 1976 wird die letzte internationale Währungskonferenz, die dazu einberufen wurde, eine Währungsordnung zu schaffen, wie folgt kommentiert:

«Das Ergebnis von Jamaica ist weiterum als wichtiger Schritt auf dem Wege zu einer neuen Währungs-

[1] siehe Fachwörterverzeichnis

ordnung gefeiert worden. Das trifft mitnichten zu. Nach wie vor liegt das Projekt einer grundlegenden und umfassenden Neugestaltung der internationalen Währungsbeziehungen, wie es 1972 in Angriff genommen worden war, auf Eis. Anstelle verbindlicher zwischenstaatlicher Richtlinien wird sich die Währungspolitik der einzelnen Länder auch weiterhin an nationalen Prioritäten ausrichten, werden allfällige Vereinbarungen auf dem kleinsten gemeinsamen Nenner bleiben. Sofern mit anderen Worten der Begriff ‹Währungsreform› zurzeit überhaupt am Platz ist, hat er einen völlig anderen Sinn als noch vor wenigen Jahren.»

Und am 4. März 1976 schrieb die «NZZ» über einen Vortrag des Notenbankpräsidenten Dr. Leutwiler an einer Investoren[1]-Konferenz:

«Weniger glücklich ist die Nationalbank über die beiden andern Ergebnisse von Rambouillet und Kingston: die Erhöhung der Fondsquoten[1] und die Regelung der Goldfrage. Die kräftige Aufstockung der Quoten, die unter dem Druck der Entwicklungsländer zustande gekommen ist, verstärkt die internationale Liquidität in unerwünschter Weise; sie verschärft die weltweite Inflationsgefahr. ‹Der inflatorische Weg zur Lösung der Zahlungsbilanzprobleme mag zwar der Weg des geringsten Widerstandes sein, aber er schafft längerfristig mehr Probleme, als er momentan zu lösen vorgibt.»

Wilhelm Hankel fordert in seinem Buch «Der Ausweg aus der Krise», dass zwischen den Ländern ein Zahlungsbilanzausgleich erfolgt, und erklärt:

«Nur wenn er stattfindet, können Menschen, Güter und Kapital im Ausland ebenso ungestört reisen und sich betätigen wie zu Hause. Warum? Weil man bezahlen kann und bezahlt bekommt, was man wo immer in der Welt leistet. Weil fremdes wie eigenes Geld genommen wird. Diesen Zahlungsbilanzausgleich vermag man auf drei verschiedene Weisen zu organisieren. Entweder

[1] siehe Fachwörterverzeichnis

über innere Anpassungsmassnahmen: stramme Stabilitätspolitik bei Zahlungsbilanzdefiziten, stärkere Expansionspolitik bei Zahlungsbilanzüberschüssen. Wir kennen sie bereits als Spielregeln des alten Goldstandards. In ihm waren Zahlungsbilanz- und Stabilitätspolitik zwei unterschiedliche Worte für dieselbe Sache: nämlich Währungsdisziplin.

Statt der inneren kann man aber auch äussere Anpassungsmassnahmen wählen: Floaten oder Devisenbewirtschaftungsmassnahmen[1] einführen. Defizitländer werden entweder abwärts floaten oder Kapitalexporte verbieten, Überschussländer aufwärts floaten oder Kapitalimporte bannen. Dies sind bekanntlich die Spielregeln von heute, der Post-Bretton-Woods-Aera[1], in der die volle Last des Zahlungsbilanzausgleichs auf freien oder kommerziellen Ausländer-Geld- und Kapitalmärkten liegt. Dabei muss man sich fragen, wie lange diese das aushalten werden.»

Schon bald nach der Einführung flexibler Wechselkurse musste die Schweiz die Erfahrung machen, dass die Spielregeln beim Floaten – wenn der Schweizerfranken hoch ist, sollte er nicht mehr gekauft werden, da zu teuer – für sie nicht funktioniert. Andere Faktoren als der Preis hatten die Oberhand und werden sie immer haben. Deshalb ist das freie Floaten für die Schweiz unmöglich. Die schweizerische Nationalbank musste denn auch immer und immer wieder intervenieren. Sie interveniert, indem sie von den Banken Dollars, DM oder andere Devisen kauft und Schweizerfranken dafür abgibt. Diese Franken liegen nicht in Reserve, sondern müssen gemacht werden. Zuviele Franken verursachen aber eine Inflation. Um sie zu verhindern, werden diese Franken ins Ausland abgeschoben. So wird die Inflation exportiert, doch später wird sie wie ein Bumerang auf uns zurückfallen. Damit wird nicht nur die Basis für eine künftige Inflation gelegt, sondern auch für einen

[1] siehe Fachwörterverzeichnis

immer höher steigenden Schweizerfranken. Die schweizerische Nationalbank wird – wenn die Schweiz überleben soll – ständig mehr und mehr intervenieren müssen. So entsteht ein Teufelskreis. Gerade weil der Schweizerfranken so begehrt ist, kann die Schweiz mit der Einführung der Devisenkontrolle eine Mahnung und zugleich einen Impuls gegenüber den grossen Industrieländern auslösen, endlich eine neue, auf dem Zahlungsbilanzausgleich basierende Währungsordnung zu schaffen.

3. Folgen solcher Massnahmen

Die Reaktion unserer Handelspartner

Alle Länder, in denen die Währung an Schwindsucht leidet und mehr und mehr in die Schweiz abwandert, werden uns für Abwehrmassnahmen in Form einer Devisenkontrolle äusserst dankbar sein und die Handelsbeziehungen mit der Schweiz nicht nur wegen des günstigeren Schweizerfrankens, sondern auch wegen der mutigen Tat bevorzugen, die für sie positive Auswirkungen hat.

Es ist möglich, dass dann die D-Mark wieder mehr in den Sog des internationalen Interesses fällt und ihr Kurs wieder ansteigt. Das könnte Deutschland veranlassen, sich zum Promotor für ein neues, wirklich funktionierendes internationales Währungsabkommen aufzuraffen.

Werden andere Länder Sanktionen oder Repressalien gegen die Schweiz ergreifen, wenn sie die Devisenkontrolle einführt? Viele Unternehmer haben vor solchen – theoretisch möglichen – Auswirkungen Angst. Ich kann mir jedoch nicht vorstellen, dass irgend ein Land sich auf diese Art in die inneren Angelegenheiten der Schweiz einmischt. Ein Präzedenzfall ist nicht bekannt. Grund für Sanktionen oder Repressalien wäre nur, wenn andere Länder durch die Einführung einer Devisenkontrolle in der Schweiz zu Schaden kämen. Dies ist aber nicht der Fall, denn es wird weder der Warenimport noch der Warenexport in irgend einer Weise behindert.

Eine Devisenkontrolle, die lediglich Flucht- und Spekulationsgeldern den Weg in die Schweiz behindert oder sperrt, kann vernünftigerweise in keinem andern Land Anstoss erregen.

Übrigens kennt kein Land auf der ganzen Welt die volle Konvertibilität[1] seiner Währung. Eine hohe Konvertibilität haben lediglich vier Länder: die Schweiz, die Bundesrepublik Deutschland, die Vereinigten Staaten von Amerika und Kanada. Alle übrigen Staaten haben eine mehr oder weniger strenge Devisenbewirtschaftung[1], also wesentlich mehr als eine Devisenkontrolle. Eine negative Reaktion ist deshalb nicht zu erwarten.

Die Schweiz würde mit der Einführung einer Devisenkontrolle nicht nur sich selbst helfen, sondern auch denjenigen Ländern, die gegen die Kapitalflucht ankämpfen müssen. Sie würde zudem mithelfen, die Inflation in jenen Ländern zu dämmen, denen sie heute so grosszügig Kredite gewährt, um die Zahlungsbilanzdefizite decken zu helfen. Hingegen wäre ein Kapitalexport im Umfange des Ertragsbilanzüberschusses immer noch möglich. Deshalb dürfte die Einführung der Devisenkontrolle bei unseren Handelspartnern ein gedämpftes, weltweit positives Echo auslösen.

Schweizerfrankenkurs und Rezession

Interessierte Kreise behaupten immer wieder, der hohe Schweizerfrankenkurs habe auf den Export keinen nachteiligen Einfluss, sondern es sei die Rezession, die der Exportwirtschaft zu schaffen mache. Warum werden solche falsche Behauptungen aufgestellt, die noch durch falsche Auslegungen der Exportstatistik untermauert werden?

Hätten die Behörden und ihre Verwaltung den enormen Einfluss des Schweizerfrankenkurses auf die Beschäftigungslage der Exportindustrie von allem Anfang

[1] siehe Fachwörterverzeichnis

an zugegeben, wären sie aus sozialpolitischen Gründen gezwungen worden, eine Devisenkontrolle einzuführen. Mit der für den Laien glaubhaften Behauptung, es sei die Rezession, die Strukturen einzelner Branchen und andere Gründe, die zum Beschäftigungsrückgang führten, konnte ein politischer Druck zur Beschränkung der Konvertibilität[1] verhindert werden.

Wer im Ausland herumreist, um Schweizerware zu verkaufen, der kennt die Gründe, warum viel weniger gekauft wird. Er weiss, welches Gewicht der Frankenkurs bei der Entscheidung seiner Kunden hat. Er weiss auch, wohin seine Kunden ausweichen müssen, um nicht ihre eigene Existenz aufs Spiel zu setzen. Anderseits drücken ihn die Beschäftigungslage seines Betriebes, die hohen Fixkosten und der gefährdete Marktanteil im Ausland. Unter diesem Druck macht er Preiskonzessionen und nimmt Verluste in Kauf. Es gibt auch Ausnahmen, die die Regel bestätigen.

Eine Ausnahme macht der Käse. Er wird zum gleichen oder nur leicht erhöhten Preis in fremder Währung verkauft wie zu den Zeiten, als der Frankenkurs noch wesentlich günstiger war, d.h. die Schweiz erhält für den gleichen Käse wesentlich weniger Franken. Das dadurch um 30 Mio erhöhte Defizit von 205 Mio Franken pro 1975 übernimmt die Milchrechnung des Bundes und letztlich der Steuerzahler. Der Käseexport konnte 1975 aber – trotz Rezession im Ausland – um 5% gesteigert werden.

Ein anderes Beispiel ist die Schweizerschokolade. Seit der Abstimmung vom 8. Dezember 1975 wird sie durch Importabgaben auf ausländischem Rahm verbilligt.

Alle übrigen Industrien müssen mit dem Mindererlös selbst fertig werden, welcher durch den hohen Schweizerfrankenkurs entstanden ist.

Eigenartig ist, dass zum Teil dieselben Leute, die die

---
[1] siehe Fachwörterverzeichnis

Devisenkontrolle als Eingriff in die Privatwirtschaft ablehnen, nicht davor zurückschrecken, einzelne Produkte durch Bundesbeiträge zu verbilligen. Aus ihrer Sicht ist dies kein staatlicher Eingriff in die Privatwirtschaft – «déformation professionelle»!

Die Aufstellung auf Seite 89 zeigt deutlich, wie sich die Importpreise eines Schweizerproduktes in vier Ländern ab Januar 1971 unter Berücksichtigung der Preiserhöhungen zufolge der Teuerung entwickelt haben. Der Importpreis eines Schweizerproduktes hat sich in den USA vom Januar 1971 bis zum Januar 1976 um 144% erhöht. Davon entfallen 44% auf die Preiserhöhungen zufolge der Teuerung. 100% wurden durch die laufende Erhöhung des Schweizerfrankenkurses verursacht. Die Erhöhung hat sich vom Januar 1974 bis zum Januar 1976 mehr als verdoppelt. Es ist deshalb verständlich, dass die Zahl der amerikanischen Touristen in der Schweiz stark zurückgegangen ist und immer weniger Uhren nach den USA exportiert werden können.

Eine typische Herunterspielung der äusserst gefährlichen Auswirkungen des hohen Schweizerfrankens auf die Exportindustrie kam an einem Vortrag eines Exponenten der Bundesverwaltung zum Ausdruck, aufgrund dessen die «Finanz + Wirtschaft» am 24.12.1975 in Nr. 101 folgenden Artikel veröffentlichte.

«Franken-Freude – Franken-Ärger

In den ersten elf Monaten dieses Jahres haben die schweizerischen Importe aus der Bundesrepublik Deutschland von 11,60 Mrd auf 8,75 Mrd Fr. und damit um nicht weniger als 24,6% abgenommen. Gleichzeitig erhöhten sich die Exporte von 4,50 auf 4,54 Mrd Fr. oder um 0,8%. Diese – bisher übrigens noch nicht veröffentlichten – Zahlen sind gewiss als erstaunlich zu bezeichnen, beweisen sie doch das Gegenteil von dem,

Teuerung der Schweizerware in vier wichtigen Abnehmerländern durch die Inflation in der Schweiz und durch das ständige Ansteigen des Schweizerfrankenkurses vom 1. Januar 1971 bis 1. Januar 1976

	USA			Deutschland			Italien			Schweden		
Januar	1971	1974	1976	1971	1974	1976	1971	1974	1976	1971	1974	1976
Index Schweiz	115	149	165									
Verkaufspreis ab Fabrik in sFr.	100	130	144	100	130	144	100	130	144	100	130	144
Währungskurs per 1. Januar	4.34	3.33	2.57	125	119	99,3	−693	−50	−377	83.6	69	59
Importpreis in Landeswährung	23	39	56	80	109	145	14430	26000	38200	120	188	244
Zunahme in % seit 1971		70%	144%		36%	81%		80%	165%		57%	103%
Detailverkaufspreis (= x3) in Landeswährung	69	117	168	240	327	435	43290	78000	114600	360	564	732
Zunahme in % seit 1971		70%	144%		36%	81%		80%	165%		57%	103%
Index per 1. Januar	120	143	167	105	127	137	104	146	179	243	332	362
Teuerung in % seit 1971		19%	39%		21%	30%		40%	72%		37%	49%
Teuerung zufolge Erhöhung des Schweizerfrankenkurses seit Januar 1971	−	51%	105%		15%	51%		40%	93%		20%	54%

was so lange behauptet und beklagt worden ist, dass nämlich die anhaltende Frankenaufwertung unseren Export je länger je mehr aufs schwerste gefährde. Bereits für den Zeitraum der ersten drei Quartale dieses Jahres hatte sich gezeigt, dass die schweizerischen Importe gegenüber der gleichen Vorjahrszeit um 20,6% kleiner waren, während gleichzeitig die Exporte nur eine Abnahme um 7.2% aufwiesen.

Gewiss kommt in diesen Zahlen eine gesamthafte Schrumpfung unseres Handelsverkehrs mit dem Ausland zum Ausdruck, aber die ‹terms of trade›[1] sind für die Schweiz mit der andauernden Frankenaufwertung entscheidend besser geworden. Dies unterstrich kürzlich vor Mitgliedern der Handelskammer Deutschland-Schweiz, Zürich, der Sektionschef der Handelsabteilung des Eidgenössischen Volkswirtschaftsdepartementes, Dr. Sieber: Dank den fallenden Importpreisen verbilligten sich die Produktionskosten der schweizerischen Exportindustrie erheblich. Tatsächlich profitiert die Industrie von den billigeren Importpreisen praktisch voll, während sie erfahrungsgemäss der private Konsum im Detailhandel meist gar nicht oder dann nur zum kleinen Teil spürt. Angeblich sind, so behaupten es jedenfalls in der Regel die Importeure und Grosshändler, die Margen schon lange verbesserungsbedürftig gewesen, was wegen der niedrigeren Importpreise endlich möglich geworden sei. Schliesslich profitiere der Konsument insofern davon, als die Detailpreise nicht erhöht worden seien.

Wenn man heute auch noch nicht behaupten kann, dass die schweizerische Exportindustrie ihrer Sorgen ledig sei (schliesslich ist die weltweite Rezession keinesfalls beendet), lässt sich doch feststellen, dass man es mehr und mehr versteht, die Veränderung der Wechselkurse nicht nur als eine einseitige Angelegenheit zu betrachten. Ferner ist es gelungen, die Exporte zu verlagern, indem

[1] Handelsbedingungen (der Autor)

vor allem der deutsche Markt besser erschlossen wurde, denn wie bereits erwähnt, die Gesamtexporte der Schweiz sind um über 7% zurückgegangen, während gleichzeitig die Exporte nach der Bundesrepublik um 0,8% zunahmen und damit der Anteil der Bundesrepublik an unseren Gesamtexporten entsprechend stieg, ihre Bedeutung als grösster Handelspartner also erneut wuchs.

Unsere Industrie kann, so ist bewiesen, mit dem hohen Frankenkurs ganz ordentlich leben, vorausgesetzt, es gelingt weiterhin, die Teuerung und die Zinsen niedrigzuhalten sowie zuverlässige Geschäftspartner zu bleiben, die Qualitätsarbeit liefern. Nachdem die Bankgesellschaft schon im Frühherbst die Prognose stellte, dass der Überschuss der Etragsbilanz 1975 rund 5 Mrd Fr. ausmachen dürfte, kann man jetzt einen um nochmals 1 bis 2 Mrd Franken höheren Betrag als wahrscheinlich erachten. Darin kommt allerdings nicht zum Ausdruck – und das ist der Ärger, den der hohe Frankenkurs mit sich bringt –, wie sehr vor allem Kapitalanleger betroffen worden sind. Ihre Währungsverluste auf deutschen Investitionen betragen nicht selten 20 Prozent und mehr. Ärger hat ferner der schweizerische Detailhandel in den Grenzgebieten (und diese reichen in diesem Fall oft bis 30 oder 50 km ins Landesinnere), denn mit 100 Franken = 100 Mark kauft man im benachbarten deutschen Ausland billiger als hier. Und Ärger hat schliesslich die schweizerische Fremdenindustrie. Denn wenn der Deutsche hier im Hotel und für seine laufenden Ausgaben für eine Mark nur einen Franken bekommt, kann er im eigenen Land billigere Ferien machen. Doch vielleicht, so bleibt zu hoffen, achtet man nicht nur auf den Wechselkurs, sondern auch auf andere Dinge, die die Schweiz zu bieten hat.»

Ein Exponent des Eidgenössischen Volkswirtschaftsdepartementes sollte wissen, dass solche generalisierende Aussagen an der Wahrheit vorbeigehen, obwohl sie teilweise den Tatsachen entsprechen. Für ein in der Schweiz hergestelltes Produkt werden in der Regel Roh- oder Halbfabrikate verwendet im Ausmasse von 0-30% des Endproduktpreises. Eine grosse Anzahl Exporteure bezieht die Halbfabrikate oder Bestandteile von schweizerischen Fabriken, die ihre preislichen Vorteile aus den billigeren Importpreisen nicht weitergeben, sondern damit einen Teil ihrer durch stillgelegte Kapazitäten erhöhten Kosten decken, wie dies z.B. in der Uhrenindustrie der Fall ist. In all diesen sehr zahlreichen Fällen hat der Exporteur von den günstigeren Importpreisen überhaupt keine Vorteile.

Wenn der Auftragseingang und der Umsatz zwischen dem dritten Quartal 1974 und dem dritten Quartal 1975 einander gegenübergestellt werden, gehen daraus die Preisreduktionen nicht hervor, die die schweizerische Exportindustrie ihren Abnehmern gewährt, um ihre Mitarbeiter zu beschäftigen und beachtliche Marktanteile nicht zu verlieren. Im weiteren geht nicht hervor, wieviele Altaufträge - es müssen eine beachtliche Menge gewesen sein - aus den guten Konjunkturjahren noch auszuliefern waren. Hingegen ist die vom BIGA in der Zeitschrift «Die Volkswirtschaft» vom Dezember 1975 veröffentlichte Gegenüberstellung eindrücklich: (siehe Tabelle auf Seite 93).

Insbesondere in der Metall- und Maschinenindustrie betragen die Lieferfristen 1-5 Jahre, je nach Schwierigkeitsgrad der Maschine. Deshalb kann in vielen Unternehmen noch voll gearbeitet werden, bis diese alten Ordres aufgeliefert sind. Allen diesen Industriebetrieben steht die Bewältigung des massiven Bestellungs- und Preisrückganges erst noch bevor.

Die wirkliche Lage in der Exportindustrie hat ein Leser der «Finanz + Wirtschaft» in seiner Antwort auf den Artikel «Franken-Freude - Franken-Ärger» dargelegt:

«Wir haben mit einigem Erstaunen die Ausführungen

Industriegruppen	Auftragseingang*			Umsatz*		
	3. Quartal 1974	1975	Rückgang	3. Quartal 1974	1975	Rückgang
Industrie	107,1	81,3	25,3	93,8	82,5	11,3
Nahrungsmittelindustrie	105,8	99,6	6,2	99,4	93,7	5,7
Holz und Kork	90,9	73,7	17,7	87,7	74,6	13,1
Chemische Industrie	97,4	87,4	10,0	111,0	90,7	20,3
Steine und Erde	121,2	101,5	19,7	118,1	91,4	26,7
Metall- und Maschinenindustrie	109,0	74,9	34,1	85,1	79,3	5,8
Uhrenindustrie	162,8	73,2	89,6	82,0	66,6	15,4

*Index: 4. Quartal 1974 = 100

Ihres Artikels ‹Franken-Freude – Franken-Ärger gelesen. Da kommen Sie aufgrund einiger Zahlen zur Überzeugung, dass unsere Industrie bewiesen hat, dass sie mit dem überhöhten Frankenkurs ganz ordentlich leben kann›.

Wir können Ihnen zu Ihrem Optimismus nur gratulieren, teilen können wir ihn auf gar keine Weise.

Was unserer Meinung nach unsere Industrie bewiesen hat, ist, dass sie willens und in der Lage ist, kurzfristig ihre Exportmärkte wenigstens teilweise weiterzubeliefern, auch wenn dies nur zu Verlustpreisen möglich ist.

Die Erringung eines Exportmarktes ist, insbesondere mit Konsumgütern und Investitionsgütern, ein so langwieriger und kostspieliger Prozess, dass angesichts kurzfristiger monetärer Ungleichgewichte nicht gleich die Lieferungen eingestellt werden können, sondern es muss versucht werden, diese Märkte in eine bessere Zeit hinüberzuretten. Wenn die Exporte bis anhin nicht weiter zurückgegangen sind, so deshalb, weil die schweizerische Industrie – immer in der Hoffnung, dass unsere Behörden und die Nationalbank sich eines Tages doch noch auf ihre Pflicht zur Aufrechterhaltung vernünftiger Währungsrelationen besinnen würden – ihre traditionellen Märkte weiter belieferte, auch wenn dies nur zu wesentlichen Verlustpreisen möglich war.

Was aber bedeutet diese Sachlage? Nichts anderes als dass unser Land heute die seit 20 bis 30 Jahren erarbeiteten Reserven einsetzen muss, um auch nur überleben zu können.

Wie lange werden diese Reserven ausreichen? Nun, leider nicht allzu lange, denn es geht sehr viel rascher, Reserven abzubauen, als diese wieder neu zu äufnen. So lässt es sich nicht vermeiden, dass aufgrund der Frankenüberbewertung laufend an und für sich wohlfundierte Unternehmungen in Liquiditätsschwierigkeiten geraten.

Was aber noch schlimmer ist: Die schweizerische

Industrie veraltet als Folge ihrer mangelnden Ertragskraft langsam, aber sicher! Notwendige Neuinvestitionen können nicht mehr vorgenommen werden, bereits auf modernsten Stand gebrachte Anlagen können aus Auftragsmangel (Folge des zu hohen Preisniveaus) nicht mehr lohnend eingesetzt werden und Forschungsergebnisse können aus Mangel an Mitteln kaum oder gar nicht mehr ausgewertet und wirtschaftlich zum Tragen gebracht werden. Während der technische Stand der schweizerischen Industrie vor rund fünf Jahren noch durchaus mit demjenigen der Industrie in den EG-Ländern vergleichbar war, besteht heute bereits ein Rückstand von 2 bis 3 Jahren. Hält die schlechte Ertragskraft an, so dürfte sich dieser Abstand noch weiterhin vergrössern.

Noch wäre es an der Zeit, die unglückliche Entwicklung der letzten Jahre zu korrigieren. Dies würde jedoch bedingen, dass endlich einmal von den längst zur Verfügung stehenden Vollmachten Gebrauch gemacht und der Schweizerfranken wieder in eine vernünftige Relation zu den Währungen unserer wichtigsten Handelspartner gebracht würde. Geschieht dies nicht, so wird sich zwar der Wechselkurs schliesslich automatisch korrigieren, aber doch wohl erst nach einem Verlust von rund 25 bis 35% unserer Industrien und einer entsprechenden Schwächung der verbleibenden Industrie-, Handels- und Fremdenverkehrsunternehmungen.

Ist es wirklich sinnvoll, lediglich aus Trägheit oder aus falsch verstandenem Liberalismus in einer Welt, die nun einmal nicht nach liberalen Grundsätzen regiert wird, wirtschaftlichen Selbstmord zu verüben?

Dieter Zwicky-Schwizer, Wallisellen»

Die oft wiederholte Behauptung, der Anstieg des Frankenkurses sei durch die tiefere Teuerungsrate kompensiert worde, ist von Dr. A. Krauer, Mitglied der Konzernleitung der Ciba-Geigy AG in der «NZZ» vom

26./27. Juni 1976 unter dem Titel «Die Wettbewerbsfähigkeit der Schweiz» widerlegt worden:

«Die seit dem Zusammenbruch des Systems der festen Wechselkurse eingetretenen Verschiebungen der Kursrelationen haben in verschiedenen Ländern zu teilweise lebhaften Diskussionen über die Angemessenheit solcher Paritätsänderungen geführt. In der Schweiz wurde insbesondere in letzter Zeit in Medien und amtlichen Stellungnahmen die Ansicht vertreten, dass der Anstieg des Frankenkurses gegenüber den wichtigsten ausländischen Währungen im wesentlichen durch die tiefe Teuerungsrate kompensiert worden sei. In den folgenden Erörterungen wird gezeigt, dass diese Wechselwirkung von Teuerung und Paritätsverschiebung im Falle der Schweiz im Gegensatz zu anderen Industrieländern nur in bescheidenem Ausmass eingetreten ist.

Verteuerte Exporte

Wie stark sich die Wettbewerbsstellung der einzelnen Ländern seit Beginn des Floatings[1] verändert hat, geht aus einer seit August 1975 im Monatsbericht der Schweizerischen Nationalbank publizierten Aufstellung hervor. Gemäss dieser Quelle haben sich im exportanteilgewogenen Durchschnitt der erfassen 18 Länder die Schweizer Exporte in zunehmendem Masse verteuert. So müssen z.B. bei einem Aufwertungssatz für die Schweiz von 50% die ausländischen Käufer im Durchschnitt rund 50% mehr Einheiten ihrer lokalen Währung aufwenden, um die Schweizer Ware bezahlen zu können, während bei Abwertungssätzen, wie sie für die USA, Italien und das UK (Grossbritannien) typisch sind, das Gegenteil der Fall ist.

Nehmen wir als Beispiel das für die Schweiz speziell wichtige Verhältnis zur Bundesrepublik Deutschland.

[1] siehe Fachwörterverzeichnis

Exportgewogene Auf- oder Abwertungssätze folgender Industrieländer (in %)

Zeitspanne: April 1971 bis jeweiligen Stichtag 1974–77
(Nullpunkt sämtlicher Kurven ist der April 1971)

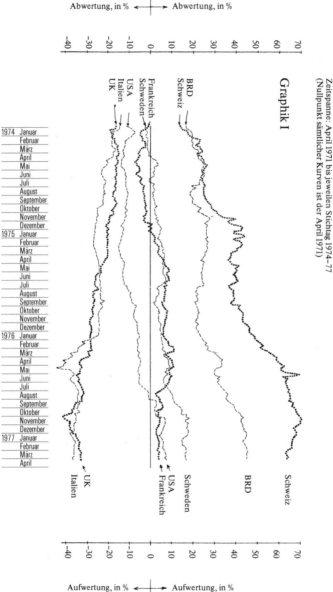

Graphik I

Graphik II

Teuerungsbereinigte gewogene Auf- oder Abwertungssätze der Exporte der folgenden Industrienationen (in %)

Zeitspanne: April 1971 bis jeweiligen Stichtag 1974–77
(Nullpunkt sämtlicher Kurven ist der April 1971)

Für letztere lag der exportanteilgewogene Aufwertugssatz Ende April 1976 bei 30%. Es versteht sich von selbst, dass bei relativ homogenen Gütern sowohl die einheimischen als auch die ausländischen Bezüger ihr Augenmerk auch auf den Preis der Ware richten. Bei grösseren Preisdiskrepanzen zuungunsten der Schweizer Güter werden sich auch uns wohlwollend gesinnte Käufer nicht länger vom Glanz des ‹Made in Switzerland› blenden lassen. Die Folgen sind entweder Umsatzverluste oder das Halten des Marktes bei weiter sinkenden Erträgen.

Wie aus der Graphik I (Seite 97) ersichtlich ist, lag Anfang 1974 der exportanteilgewogene Aufwertungssatz für die Schweizer Exporte nach 18 Ländern gegenüber 1971 bei rund 14%, jener für die BRD etwas höher. Im Laufe der zweiten Hälfte 1974 hat sich dann die Schweizer Kurve deutlich von der deutschen nach oben abgesetzt, um sich im Jahre 1975 relativ stabil in der bereits hohen Zone um 40% gegenüber rund 25% für jene der BRD zu bewegen. Gegen Ende 1975 und vor allem im laufenden Jahr erhöhte sich im Zuge der weiteren Verteuerung des Frankens gegenüber praktisch allen Währungen unserer hauptsächlichsten Konkurrenten und Abnehmer der Aufwertungssatz der Schweiz zusätzlich und erreichte Anfang Juni 1976 70%. Die zunehmende vertikale Distanz zwischen der Schweizer Kurve und jener der anderen Länder ist aus der Graphik I klar ersichtlich.

Inflation und Wechselkurse

Da die gütermässige Zusammensetzung der Exporte der erwähnten Länder stark variiert (z.B. Rohstoffe, Energieträger, Investitionsgüter usw.) und demzufolge die Preiselastizitäten sehr unterschiedlich sind, müssen die gezeigten Werte mit Vorsicht interpretiert werden. Auf Grund der von der OECD publizierten ‹Trade by

Commodities›[1] besteht jedoch die Möglichkeit, Berechnungen auf Produktegruppenebene bzw. für Einzelprodukte vorzunehmen und sich so bei den einzelnen Produktegruppen bzw. Produkten ein besseres Bild über die Wettbewerbsbedingungen der einzelnen Länder zu machen. Die bei der Ciba-Geigy durchgeführten Untersuchungen für Exporte diverser Geschäftszweige bestätigen im grossen und ganzen das für die Gesamtexporte der Schweiz erhaltene bedenkliche Bild.

Um die von den Behörden und den Medien in den letzten Monaten vielfach geäusserte These der Wechselwirkung von Kursverschiebungen und nationalen Teuerungsraten zu überprüfen, wurde das Aussenhandelsmodell der Nationalbank in Graphik II (Seite 98) in dem Sinne verfeinert, dass die Wechselkursverschiebungen jeweils um die nationalen Teuerungsunterschiede korrigiert wurden. So wurde z.B. die zwischen April 1971 (Ausgangspunkt der Berechnungen der Nationalbank) und März 1976 registrierte Verteuerung des Frankens gegenüber der Lira von rund 140% um die in der gleichen Zeitspanne eingetretene unterschiedliche Entwicklung der Teuerung in Italien und in der Schweiz modifiziert. Als Teuerungsmassstab wurde in allen Fällen der nationale Konsumgüterpreisindex verwendet.

Für die in der Graphik I aufgeführten 7 Länder ergab sich auf Grund der Teuerungsbereinigungen die in der Graphik II aufgezeichnete Kurvenkonstellation. Auf teuerungsbereinigter Basis liegen die Kurven der Hochinflationsländer United Kingdom und Italien Ende März 1976 in der Aufwertungszone (UK) bzw. relativ bescheiden in der Abwertungszone (Italien). Dadurch kommt zum Ausdruck, dass die Abwertung des Pfundes trotz dem beachtlichen Ausmass geringer war als die Inflationsunterschiede zu den wichtigsten Konkurrenten. Ferner ist ersichtlich, dass der Druck auf die Lira Anfang 1976 auch durch Inflationsunterschiede nicht

[1] siehe Fachwörterverzeichnis

kompensiert worden sind. Die nicht teuerungsbereinigten Aufwertungssätze der Tiefinflationsländer wie der BRD und der Schweiz wurden teuerungsbereinigt erwartungsgemäss erheblich nach unten korrigiert, wobei die Korrektur der Schweizer Kurve sowohl Anfang 1975 als Anfang 1976 wesentlich geringer war als diejenige der BRD.

Einsamer Höhenflug des Schweizerfrankens

Gemäss der These der Wechselwirkung von Kursbewegungen und Unterschieden in den nationalen Teuerungsraten sollte sich auf Grund der teuerungsbereinigten Exportgewichtungen eine Tendenz zur Kurvenkonvergenz[1] einstellen. Diese Entwicklung ist in der teuerungsbereinigten Graphik II in der Tat festzustellen, liegen doch die Kurven Frankreich, der BRD, des UK, Schwedens und Italiens Ende März 1976 relativ nahe beieinander. Die Kurve der USA befindet sich hingegen stark in der Abwertungszone, weil der Ausgangskurs des Dollars im April 1971 hoch war und die USA im internationalen Vergleich zudem eine bescheidene Teuerung zu verzeichnen hatten. Demgegenüber hebt sich die Kurve der Schweiz auch teuerungsbereinigt deutlich von jener der anderen hier gezeigten sechs Länder ab, was im übrigen auch gegenüber anderen hier gezeigten Länderkurven gilt. Dieses Kurvenbild stützt die These der Überbewertung, ja der klaren Überbewertung des Frankens. Eine solche ist auch dann zu registrieren, wenn andere Teuerungsmassstäbe als der hier verwendete Konsumgüterpreisindex zugrunde gelegt werden und spätere Ausgangspunkte als der April 1971 als Berechnungsgrundlage dienen.

Auf Grund einer nüchternen Betrachtung der teuerungsbereinigten Schweizer Kurve zeigt sich, dass

[1] siehe Fachwörterverzeichnis

die Behauptung, wonach die Wettbewerbsstellung der Schweiz trotz starker Verteuerung des Frankens gegenüber praktisch allen relevanten Währungen durch die in letzter Zeit tiefe schweizerische Teuerungsrate entscheidend korrigiert worden sei, nicht der Wirklichkeit entspricht. In Anbetracht der oben gezeigten Sonderstellung der Schweiz bzw. des Schweizerfrankens ist die Frage nach möglichen Massnahmen zur Korrektur dieses für die schweizerische Industrie sehr unbefriedigenden Zustandes nach wie vor unbeantwortet.»

Unter dem Titel «Textilaussenhandel im Schatten des Frankenkurses» schreibt die «Neue Zürcher Zeitung» am 27. Januar 1976:

«Der Pressedienst der Schweizerischen Textilkammer teilt mit, dass der schweizerische Textilexport (inklusive Schuhe) im Jahr 1975 wertmässig um rund 400 Mio Fr. oder 13% auf 2,5 Mia Fr. zurückgegangen ist. Dieser Rückschlag ist zu einem erheblichen Teil eine Folge des überhöhten Frankenkurses, der auch zu denkbar schlechten Exportpreisen und zu einer entsprechend prekären Ertragslage geführt hat. Der mengenmässige Rückgang der Exporte betrug nur 3%.»

Der Direktor des Vereins schweizerischer Textilindustrieller, E. Naef, schrieb in der «Schweizerischen Handelszeitung» Nr. 10 vom 4. März 1976:

«Die neuesten Zahlen über den schweizerischen Export zeigen einen Rückgang vor allem bei den Konsumgüterindustrien an. Man wird den Verhältnissen keineswegs gerecht, wenn von gewissen Kreisen – wohl um die Auswirkungen des hohen Frankenkurses zu verniedlichen – immer wieder darauf hingewiesen wird, der Export sei erstaunlich wenig zurückgegangen, die Exportwirtschaft habe sich zu behaupten vermocht. Tatsache ist, dass die Ertragslage bei den zahlreichen Firmen sehr zu wünschen übriglässt, dass viele davon in die roten Zahlen geraten sind, weil sie im Export zu ungenügenden Preisen verkaufen mussten, um nicht einen zu grossen Marktanteil zu verlieren. Und Tatsache ist, dass der Rückgang des Exportes den Verlust Tausender von Arbeitsplätzen zur Folge hatte. In der Textilindustrie zum Beispiel rechnet man, je nach Branche, mit 6 bis 10 Arbeitsplätzen pro Million Franken Exportumsatz; gegenüber 1974 musste diese Branche im vergangenen Jahr eine Exportverminderung von über 400 Mio Fr. in Kauf nehmen. Ein solcher Rückgang bedeutet aber auch Abbau der Investitionen mit allen Konsequenzen auf die Beschäftigung anderer Wirtschaftszweige.»

Die Konsumgüter herstellenden Industrien sind vom hohen Schweizerfrankenkurs besonders betroffen. Dies geht einerseits aus der Ausfuhrstatistik (siehe vorausgehende Tabelle), anderseits aus den Erfolgsmeldungen der gleichgelagerten deutschen Industrien hervor. So meldet das «Informationsbulletin 3/76 ‹Export- und Absatzmarkt Deutschland› der Handelskammer Deutschland–Schweiz»:

«Bemerkenswert ist bei der Wertung der vom Verband der deutschen Uhrenindustrie veröffentlichten Zahlen die Tatsache, dass die deutschen Kleinuhrenhersteller bei einer unveränderten Produktion von 8 Mio Stück ihre Ausfuhren noch um über 4 Prozent steigern konnten. Diese Zahl zeigt, dass die deutschen Hersteller trotz des Aufkommens der elektronischen Uhren ihren Platz am Weltmarkt behaupten konnten.»

«Der Textilhandel kann einigermassen zufrieden sein: Das Jahr 1975 brachte ihm mit über 46 Mrd DM im Vergleich zum Vorjahr ein erfreuliches Umsatzplus von 7%...

Der Umsatz der Herrenkonfektion selbst ist 1975 um 2,4% auf 3,9 Milliarden DM gestiegen...

Sehr zu schaffen machte der Branche wie auch den anderen Zweigen der Bekleidungsindustrie die zunehmende Einfuhr; sie erhöhte sich um 4,2 Prozent auf 1,35 Milliarden DM. Die Ausfuhr konnte dafür keinen

	1974 in Mio Fr.	in %	1975 in Mio Fr.	in %	Zu- oder Abnahme in Mio	in %
Gesamte Ausfuhr	35 353,1	100,0	33 429,7	100,0	−1923,4	− 5,44
davon						
Maschinen	11 740,5	33,2	12 345,5	36,9	+ 605,0	+ 5,15
Uhren	3 702,4	10,5	3 141,3	9,4	− 561,1	−15,16
Chemie	7 889,2	22,3	7 068,7	21,1	− 820,5	−16,40
Textilien und Bekleidung	2 917,7	8,3	2 523,3	7,5	− 394,4	−13,52
Nahrungs- und Genussmittel	1 273,9	3,6	1 244,5	3,7	− 29,4	− 2,31
Übrige	7 829,4	22,1	7 106,4	21,4	− 723,6	− 9,23

Ausgleich bringen; sie nahm nur um 2,7 Prozent auf 490 Millionen DM zu.»

«Bei Preissteigerungen von 3,6% konnte die deutsche Elektroindustrie 1975 nur ihren Auslandumsatz um 1,2% auf 20,88 Mrd DM steigern. Im Inland kam es dagegen zu einem Rückgang um 3,7% auf 53,77 Mrd DM.»

Die Technologie, die Formgebung und die Ausstattung der Produkte sind in der Schweiz im allgemeinen so perfekt, dass sie ausländischen überlegen sind, sofern sie preislich innerhalb eines angemessenen Rahmens bleiben.

Die durchschnittliche Erhöhung der Preise schweizerischer Exportgüter um 60% innerhalb von viereinhalb Jahren – allein durch den Frankenkurs bedingt, ohne die noch dazugekommene Kosteninflation – hat den preislichen Rahmen für eine sehr grosse Anzahl von Konsumgütern gesprengt. Sie verloren entweder wichtige Marktanteile oder mussten unter den Selbstkostenpreisen verkauft werden. Die tiefgreifenden Auswirkungen werden noch dargelegt.

Einfluss der Exportindustrie und des Fremdenverkehrs auf die schweizerische Wirtschaft

Seit der Gründung unseres Bundesstaates blühte die schweizerische Wirtschaft immer nur in Zeiten, in denen sich der Export und der Fremdenverkehr erfolgreich behaupteten. Nur dank der Exportindustrie gelang es, die Technologie und das industrielle Know-how so weit zu entwickeln, dass sich die Schweiz in vielen Bereichen bis an die Weltspitze emporarbeiten konnte. In der Vergangenheit gingen viele Krisen über die Schweiz hinweg, hausgemachte und internationale. Der schweizerische Export und damit auch die übrige Wirtschaft gediehen aber nur während der Zeiten stabiler Wechselkurse. Daraus lässt sich folgern, dass die freie Marktwirtschaft ihre Entwicklung und Entfaltung zu einem beachtlichen Teil stabilen Wechselkursen zu verdanken hat. Stabile oder nur innerhalb enger Grenzen schwankende Wechselkurse setzen aber ein weltweit funktionierendes Währungsabkommen voraus, in dem ein «Regelmechanismus der globalen Liquiditätssteuerung» (siehe «Der Ausweg aus der Krise» von Wilhelm Hankel, Seite 215) eingebaut ist. Bis es so weit ist, muss aber unsere Landesregierung dafür sorgen und für die Schweiz Massnahmen treffen, die die gleiche Wirkung haben wie ein internationales Abkommen. Sie hat die Kursrelation zu den andern Währungen so festzulegen, dass unsere Exportindustrie und der Fremdenverkehr wieder konkurrenzfähig werden: sie hat die Liquiditäten an unserer «Grenze» so zu steuern, d.h. das uns zufliessende Geld nur so weit zu konvertieren, als es für unsere Wirtschaft nützlich ist. Nur auf diese Art können der Export und auch der Fremdenverkehr unserem Land wieder zu genügend Beschäftigung und Wohlstand verhelfen. Hat die Exportindustrie einmal einen einigermassen sicheren Wechselkurs, kann sie aus den Verteidigungspositionen heraus und auf den ausländischen Märkten zum Angriff übergehen. Dann kann sie ihre realen Chancen wieder berechnen, ihre Entwicklung fördern und auch wieder eigene Investitionen vornehmen. Nur auf diese Art bringt sie den Inlandindustrien und sogar dem Baugewerbe wieder Beschäftigung. Niemand darf aber glauben, dass ein solcher Schritt kurzfristig wirksam wird. Zu grosse immaterielle Werte, wie Marktanteil, Know-how und Image, wurden durch den hohen Schweizerfrankenkurs zerschlagen. Ein zu grosser Teil unseres Volksvermögens wurde durch den hohen Schweizerfrankenkurs vernichtet. Es braucht nicht nur einen besseren Wechselkurs, sondern jahrelange Arbeit, bis der angerichtete Schaden wieder behoben ist.

Bundesrat Nobs antwortete einmal im Nationalrat Werner Schmid:

«Die Währung ist ein kostbares Gut. Man muss ihr Sorge tragen, aber sie ist kein Götze, so wenig wie das Gold. Wir treiben mit diesen beiden Dingen keinen Götzendienst, wir verfallen aber auch keinem Freigeldwährungsmechanismus. Die beständige Änderung des Wechselkurses, wie es der Theorie der Freigeldanhänger entspricht, würde eine Katastrophe für unser Volk bedeuten. Sie würde, das steht für mich ausser Frage, insbesondere Arbeitslosigkeit und Lohnabbau unvermeidlich über unsere arbeitende Bevölkerung bringen. Das ist gerade das Gegenteil von Vollbeschäftigung und automatischer Ausschaltung der Teuerung.» (Aus dem Buch «Geschichte des Schweizer Frankens» von Werner Schmid, Verlag Paul Haupt, Bern.)

Die ständige Änderung des Wechselkurses (Floating[1]), gegen die sich Bundesrat Nobs mit Erfolg gewehrt hatte, wurde etwa dreissig Jahre nach seinem Votum Wirklichkeit mit den damals schon vorausgesagten Auswirkungen für die arbeitende Bevölkerung.

Die Frage der Abwertung

Um den Franken abwerten zu können, muss er an einen anderen möglichst stabilen Messwert – wie der Kurswert der Sonderziehungsrechte – gebunden sein. Heute ist der Franken an keine Währung gebunden, er floatet für sich allein. Würde der Bundesrat eine Abwertung von 25% beschliessen, müssten für einen Dollar Fr. 3.05 statt Fr. 2.44 anstelle von 94 Rappen Fr. 1.175 für eine D-Mark bezahlt werden. Gleichzeitig käme aber die Spekulation und würde riesige Mengen Schweizerfranken zu diesem Kurs kaufen, so dass es der Nationalbank kaum möglich

[1] siehe Fachwörterverzeichnis

wäre, die zusätzliche Geldschwemme zu bewältigen. Der Kurs würde dann steigen und wäre innerhalb weniger Tage wiederum auf dem heutigen Niveau.

Eine Abwertung kann nur durchgeführt werden, wenn vorgängig eine Devisenkontrolle eingeführt und die Konvertibilität[1] des Schweizerfrankens beschränkt wird. Durch diese Massnahme kann verhindert werden, dass Spekulations- und Fluchtgelder die Abwertung innert kurzer Zeit wieder auffressen.

Verschiedene Zeitungen gaben bekannt, der Präsident von Hoffmann-La Roche, Dr. Jann, habe beim Präsidenten der Generaldirektion der Schweizerischen Nationalbank, Dr. Leutwiler, vorgesprochen, um ihn dafür zu gewinnen, den umgekehrten Weg einzuschlagen, d.h. 10–15 Mrd Dollars auf einen Schlag auf dem freien Markt aufzukaufen und dadurch einerseits das Angebot an Dollars zu vermindern und dasjenige an Schweizerfranken zu vergrössern. Dr. Jann glaubt – immer nach den Zeitungsnotizen – auf diese Art den Dollarkurs auf Fr. 3.– bis 3.20 hinaufzubringen. Das hätte zur Zeit seines Vorschlages einer Abwertung von rund 20% entsprochen. Dr. Leutwiler ist auf den Vorschlag nicht eingetreten.

In einem Vortrag vor Mitgliedern der Handelskammer Deutschland–Schweiz in Zürich im Dezember 1975 erwähnte der Sektionschef der Handelsabteilung des Eidg. Volkswirtschaftsdepartementes, Dr. Sieber, es gebe rund 5000 Mrd Dollars, die ausserhalb der USA umherschwimmen. Obwohl Sachverständige erklären, diese Zahl sei zu hoch gegriffen und es müsse eine Null abgestrichen werden, würde der Kauf von 10–15 Mrd Dollars kaum ausreichen, um den Dollarkurs über längere Zeit auf Fr. 3.– bis 3.20 zu halten. Wenn wir uns diese enormen Summen von Dollars vorstellen, die ausserhalb der USA umherschwimmen, wenn wir daran denken, welche Riesenmenge Geld nötig ist, um die Wirtschaft der Vereinigten Staaten intakt zu halten, dann muss doch die

[1] siehe Fachwörterverzeichnis

Schweiz unweigerlich den Grössenwahn aufgeben, sich mit einem solchen Land messen zu wollen. Sie muss sich auf die eigenen Kräfte zurückbesinnen und das tun, was in der heutigen Lage getan werden kann:
1. Einführung der Devisenkontrolle
2. Konvertibilität[1] der Schweizerwährung beschränken
3. Bindung des Schweizerfrankens an den Kurswert der Sonderziehungsrechte[1] (in Form eines flexiblen Kurses innerhalb enger Grenzen).

Erst wenn diese Massnahmen durchgeführt sind, kann und soll eine Abwertung im Ausmass von 25% vorgenommen werden.

Wie hoch treibt eine solche Massnahme die Importpreise? Die seit 1974 durch den ständigen Anstieg des Schweizerfrankens entstandene Verbilligung der Importpreise wurde den Konsumenten selten weitergegeben. Die Importeure oder auch ihre Lieferanten haben lediglich ihre Margen verbessert. Ein Interview der Schweizerischen Finanzzeitung mit Walter Frey (Ausgabe vom 25. Februar 1976) sagt mehr als eine eigene Begründung:

«FZ: Auf Käuferseite wird die Meinung vertreten, durch den Höhenflug des Schweizerfrankens müssten die Preise ausländischer Autos in der Schweiz sinken. Das ist nicht feststellbar. Finanzieren die Importeure Sonderleistungen, wie die Multigarantie, nicht einfach aus diesen einbehaltenen Währungsgewinnen, statt die Preise entsprechend zu senken?

Frey: Die meisten Lieferwerke fakturieren nicht in Schweizerfranken, mit Ausnahme von Toyota, aber beim Yen ist die Verschiebung geringer. Der Aufwertungsgewinn geht also in den Sack des Herstellers. Aber auch bei Fakturierung in Fremdwährung liegen Aufwertungsgewinne für den Importeur kaum drin, die Lieferwerke reagieren sehr schnell auf Währungsverschiebungen. Die Preiskalkulationen werden von den Lieferwerken von Markt zu Markt verschieden auf der Basis des «competi-

siehe Fachwörterverzeichnis

tive niveau[1], festgesetzt. Durch diese Kalkulation ist auch erklärbar, dass ein direkt aus Deutschland importierter VW-Golf billiger ist als in der Schweiz, weil in der Schweiz das Wettbewerbs-Niveau höher liegt. Heute rechnen praktisch alle europäischen Lieferwerke auf den Absatzmärkten von oben nach unten und nicht umgekehrt.»

Wenn nun eine Abwertung von 25 Prozent erfolgt, sollte aufgrund der Preiskonkurrenz und der gemachten Erfahrung nach der Abwertung 1936 unser Index der Konsumentenpreise nur geringfügig steigen. Da die Gestaltung des Zinssatzes und andere Faktoren einen ebenso grossen Einfluss auf die Entwicklung des Indexes haben, dürfte eine Abwertung des Schweizerfrankens um 25 Prozent den Landesindex der Konsumentenpreise im Vergleich zu 1936 um die drei Prozent nach oben beeinflussen.

Werner Schmid schrieb in seinem Buch «Geschichte des Schweizerfrankens» über die Folgen der Abwertung 1936:

«Sie werden zunächst illustriert durch die nachstehenden Zahlen:

	Arbeitslose	Konkurse	Export
1935	82 000	2260	0,8 Milliarden
1936	93 000	2232	0,8 Milliarden
1937	71 000	1593	1,2 Milliarden
1938	65 000	1273	1,3 Milliarden
1939	40 000	921	1,3 Milliarden

Als Kommentar zu den Folgen der Abwertung sei die ‹Neue Zürcher Zeitung› Nr. 1491 vom 19. August 1937 zitiert:

‹Es zeigt sich nachträglich, dass die Hoffnungen, die man in wirtschaftlicher Hinsicht an die Abwertung des Schweizerfrankens knüpfte, eher übertroffen wurden, dass auf jeden Fall die Nachteile nicht im befürchteten

[1] siehe Fachwörterverzeichnis

Masse eingetreten sind. Ein glücklicher Umstand, über den sich jedermann freuen sollte.›

Dabei hatte der Bundesrat kurz vor der Abwertung ein besonderes Währungsschutzgesetz erlassen, das die Propaganda für die Abwertung erschwerte, ja sogar unter gewissen Umständen mit Strafen bedrohte!

Der Lebenskostenindex stieg um 5,4% und hielt sich demnach ziemlich genau an die von abwertungsfreundlicher Seite gemachten Voraussagen, während er den sogenannten Sachverständigen eine böse Niederlage bereitete.»

Die Abwertung betrug damals 40%.

Beim heutigen Stand der schweizerischen Wirtschaft würden die Massnahmen, die zur Abwertung führen, noch positivere Auswirkungen haben.

Das Fazit

Es muss den Menschen meist sehr schlecht gehen, bis sie sich zusammenfinden und aus der Not eine Tugend machen. Vorläufig stehen die Interessen der Exportindustrie und des Fremdenverkehrs und diejenigen der im Devisenhandel tätigen Bankinstitute einander entgegen. Sie sind kaum unter einen Hut zu bringen. In diesem Interessenkonflikt sind die Exportindustrie und der Fremdenverkehr bisher eindeutig die Unterlegenen. In seiner Botschaft vom 28. Januar 1976 bringt der Bundesrat klar zum Ausdruck, dass eine echte Erholung der schweizerischen Wirtschaft in der gegenwärtigen Situation nur von einer deutlichen Belebung der Auslandnachfrage ausgehen kann. Dann werden die Massnahmen aufgezählt, die zur Förderung des Exportes und zur Beeinflussung des Wechselkurses eingeleitet wurden:
- Verzinsungsverbot für ausländische Gelder
- Belastung von ausländischen Geldern mit einem Negativzins von 10% pro Quartal
- Mehrmalige Senkung des Diskontsatzes
- Interventionen der Nationalbank auf dem Devisenmarkt (1975 habe die Nationalbank Devisen im Gegenwert von nahezu 11 Mrd Franken und in der ersten Januarwoche 1976 von 1,1 Mrd Franken übernommen)
- Exportrisikogarantie wesentlich ausgebaut
- Erleichterungen für die Exportfinanzierung

Damit will der Bundesrat glaubhaft machen, dass er alle seine Möglichkeiten ausgeschöpft habe und es keine Alternative gäbe. Als aber Jean-François Aubert im Nationalrat ausrief: «Kontrollieren Sie endlich den Devisenmarkt!» wurde er zurechtgewiesen. Frank A. Meyer schrieb am 10. März 1976 im «Badener Tagblatt» darüber unter anderem:

«Die Spatzen pfeifen es vom Dach der Nationalbank,

dass das Glück der emsigen Geschäftsbanken dem Pech der Exporteure zumindest etwas nachhilft. Davon aber soll geredet werden. Offen und hart. Und wenn Bundesrat Ernst Brugger Jean-François Aubert mit dem Satz belehrte: ‹Wir brauchen jetzt nicht Misstrauen, sondern Vertrauen›, so ist das ein gefährlicher Satz, denn Vertrauen ist gut, Kontrolle allemal besser. Und wie übt ein Parlamentarier Kontrolle aus, wenn Kontrollinstrumente, aus mitunter durchaus legitimen Gründen, nicht vorhanden sind: Er spricht die Probleme an, legt sie offen dar und wartet auf die Widerrede.

Im März letzten Jahres hat das übrigens bereits der Baselbieter Freisinnige Felix Auer getan, als er ausführte: ‹Ich weiss wohl, dass unsere tüchtigen Bankiers mit jährlich schätzungsweise drei Milliarden einen erheblichen Beitrag an die Deckung unseres Handelsbilanzdefizites leisten. Aber es stimmt etwas nicht, wenn gegen 90 Prozent aller Devisenoperationen Finanzoperationen sind.› Man soll ihm diese Sätze in Bank- und Parteikreisen übelgenommen haben. Weshalb eigentlich? Da warnen doch Aubert und Auer bloss davor, einen Karren zu überladen.»

Also man will nicht. Und wenn man nicht will, so hat sogar ein Nationalrat aus Neuenburg zu schweigen. Die Schwächung der schweizerischen Exportindustrie im internationalen Wettkampf nimmt ihren Fortgang. Sie hat zur Folge, dass dieser mit rund einem Drittel am Bruttosozialprodukt beteiligte Wirtschaftszweig nicht nur riesige Vermögen verloren hat, sondern ertragsmässig so geschwächt wird, dass für weltweite Marktbearbeitung, Produktivitätsfortschritt, Technologie, Forschung und Entwicklung nicht mehr genügend investiert werden kann. Die Folgen der mangelnden Investitionsfähigkeit werden sein:

1. Die Schweiz wird mittel- und längerfristig im internationalen industriellen Wettbewerb nicht mithalten können.

2. Die Binnenwirtschaft wird ebenfalls in Mitleidenschaft gezogen.
3. Der Wohlstand der Bevölkerung wird darunter leiden.

Bei der Einführung einer limitierten Devisenkontrolle geht es nicht um die Einführung eines neuen Protektionismus (Protektionismus wäre beispielsweise, wenn die Schweiz die Importe von Schuhen beschränken oder mit einem Sonderzoll belasten würde, wie es die Amerikaner und Schweden tun); es geht auch nicht um die Beschränkung des normalen Zahlungsverkehrs. Sie hat lediglich zu verhindern, dass allzu viele Spekulations- und Fluchtgelder in die Schweiz gelangen, denn nur diese Gelder fügen unserem Land Schaden zu. Sie sind es, die den Schweizerfranken in die Höhe treiben, damit unsere Industrie benachteiligen und einen Druck auf unseren Wohlstand ausüben. Ich betone nochmals: Unsere Industrie wird den Kampf gegen die Rezession mit einem normalen Frankenkurs gewinnen. Es ist aber nicht eine privatwirtschaftliche, sondern eine staatliche Aufgabe, den Schweizerfrankenkurs auf eine Limite festzulegen, die der schweizerischen Industrie die gleichen Voraussetzungen gibt, wie sie die Industrien in andern Ländern haben. Dass diese Grundbedingung nicht nur einen wirtschaftlichen, sondern auch einen gesellschaftlichen Hintergrund hat, geht aus folgenden Darlegungen von Wilhelm Hankel hervor:

«Die marktwirtschaftliche Ordnung und die Freiheiten, die sie bietet, sind so sicher – und so gefährdet – wie ihre wirtschaftlichen und sozialen Erfolge. Bleiben diese aus, schützt sie kein Gott, kein Kaiser und kein Grundgesetz. Die Marktwirtschaft ist darum wie keine andere gesellschaftliche Ordnung zum Erfolg und, wenn sich dieser nicht einstellt, zum Scheitern verurteilt. Sie hat, wenn der Erfolg ausbleibt oder sich verspätet, nur begrenzte Zeit, auf ihn zu warten...»

Anhang

Ursache der internationalen Krise

Ursprung der Krise

Das Wort «Krise» wird von den Behörden und von den Wirtschaftsführern möglichst vermieden. Es wird ersetzt durch Rezession. (Nach Duden heisst Rezession: Verminderung der wirtschaftlichen Wachstumsgeschwindigkeit, leichter Rückgang der Konjunktur.) Mit dieser Bezeichnung soll das Anwachsen der wirtschaftlichen Angst oder sogar panikartiges Verhalten vermieden werden. Unter den gegebenen Umständen kann die harmlosere Bezeichnung verantwortet werden. In der jetzigen Rezession konnten die katastrophalen Auswirkungen dank der gehobenen Sozialpolitik und der klaren Geldmengenpolitik der Nationalbank vermieden werden.

Falsch ist es, wenn man die Krise oder die Rezession als Fügung Gottes oder als Naturkatastrophe darstellt. Die Wirtschaft wird von Menschen gemacht. Eine Krise, oder eine Rezession, ist ein wirtschaftliches Ereignis, das ebenfalls von Menschen gemacht wird. Dazu sollte man stehen.

Wer hat die Krise gemacht? Wo fand sie ihren Ursprung?

Wilhelm Hankel, «einer der vielseitigsten deutschen Nationalökonomen», der zurzeit an der Georgetown University in Washington lehrt, beantwortet in seinem Buch «Der Ausweg aus der Krise» (Econ Verlag) seine eigene Frage, nachdem er erklärt hatte, welche Ursachen zur Weltwirtschaftskrise der Dreissigerjahre führten und wie die Grundlagen zur Prosperität der Nachkriegszeit gelegt wurden:

«Und die Krise heute? – Wie ist sie hereingekommen? Sie wurde buchstäblich importiert. Es reicht völlig, dass die Freiland-Kulturen nicht mehr so rasch wachsen wie bisher. Nicht weil zu Hause etwas nicht stimmt, sondern draussen, unter dem freien Himmel der Weltwirtschaft. Was draussen nicht geht, lässt sich nur selten auf den Binnenmärkten absetzen. Es ist leichter, die Binnenproduktion über die Binnenmärkte hinaus in die Weltwirtschaft unterzubringen, als Rückgänge am Weltmarkt zu Hause zu kompensieren. Aus dem einfachen Grund: Man geht meist nach draussen, weil oder nachdem die inneren Absatzmöglichkeiten bereits voll genutzt sind. Wirtschaftliches Wachstum ist zwar keine Einbahnstrasse, folgt aber letztlich doch dem Muster konzentrisch wachsender Kreise, die sich von innen nach aussen bewegen und höchst selten von aussen nach innen.

Die importierte Weltwirtschaftskrise findet nicht statt, solange die Marktradien immer grössere Kreise bilden. Hört das auf, schlägt der von der nationalen Globalsteuerung unbeeinflussbare Nachfragerückgang draussen auf die innere Vollbeschäftigung und Prosperität zurück. Die internationale Krise erzeugt die nationale.

Nur dass diesmal die Krise nicht mehr ihren Ausgang nahm von den ihre Risiken falsch einschätzenden Unternehmern sowie ihre Kredite kopflos zurückziehenden Banken, sondern von den falschen Aktionen und Reaktionen der Staaten und ihrer wichtigsten Erfüllungsgehilfen, den staatlichen Zentralbanken. Die Weltwirtschaftskrise von heute ist daher – weit mehr als die der 30er Jahre – eine politische Krise. Nicht die eines Landes und einer Regierung allein, sondern eine des ganzen westlichen Systems.

Statt die nationalen Geldmengen so zu steuern, dass wirklich nur Vollbeschäftigung und Preisstabilität herauskamen, war die Verführung, mit der neuen Herrschaft über die Geldproduktion Neben- oder besser andere

Hauptziele zu verfolgen (Aufrüstung, Wohlfahrtsstaat), viel zu gross. Und selbst da, wo sich die Zentralbanken ein hohes Mass an Autonomie zu wahren oder zu verschaffen wussten, erwies sich der Einfluss der konkurrierenden Geldsteuerung über die Finanzpolitik als durchschlagender. Obwohl die Währungspolitik nach dem Zweiten Weltkrieg in fast allen westlichen Industrieländern vom Junior- zum Seniorpartner aufstieg, hatte sie dennoch alle Hände voll zu tun, die von den Staaten und ihren Ausgaben ausgehenden inflatorischen Einflüsse so gut es ging zu neutralisieren.

Aber während die zu neuer Macht im Staate gelangten Zentralbanken ein waches, überwaches Auge auf die inflationierende Tätigkeit ihrer eigenen Staaten richteten, schlossen sie beide Augen vor ihren eigenen, geradezu unvorstellbaren Inflationssünden, die sie sich an der Aussenfront leisteten. Was Ricardo strikte verboten hatte und das von Keynes inspirierte Weltwährungssystem von Bretton Woods[1] nur unter strengen und genau kontrollierten Auflagen zuliess: die Kreditgewährung von Zentralbank zu Zentralbank und damit indirekt von Staat zu Staat, wurde ab Beginn der 60er Jahre zu einem mit System betriebenen Spiel. Die häuslichen Hüter der Währungen ‹halfen› sich gegenseitig, ihre Währungen durch permanente Inflationsfinanzierung von aussen zu zerrütten. Statt den Zahlungsbilanzausgleich unter sich zu forcieren, verhinderten sie ihn durch immer neue, uferlose Währungskredite, mit denen sie Öl in das Weltinflations-Feuer gossen, das sie zu Hause zu löschen versuchten. Dieser Politik fiel als erstes das Weltwährungssystem von Bretton Woods[1] zum Opfer und inzwischen sogar die Betriebssicherheit der häuslichen Marktwirtschaften. Zum ersten Mal seit den 30er Jahren will sich auch im nationalen Treibhaus nicht mehr die richtige Wachstums- und Stabilitätstemperatur einstellen. Allen Bemühungen der ‹Zuständigen› zum Trotz.

[1] siehe Fachwörterverzeichnis

Diese fürchterliche Fehlentwicklung – mehr Inflation trotz einer Inflationsbekämpfung wie noch nie zuvor in der Geschichte der Wirtschafts- und Währungspolitik – hätte es mit Sicherheit nicht gegeben, wäre das Weltwährungssystem erhalten und, statt abgeschafft, in der richtigen Weise verstärkt worden.»

Falsche Stabilitätspolitik

Wilhelm Hankel als ehemaliger Mitarbeiter der deutschen Bundesregierung und der EWG kann darüber am besten urteilen. Unter dem Titel «Die systemzerstörende Stabilitätspolitik» schreibt er im Herbst 1975:

«Obwohl die Zerstörung des Weltwährungssystems und der Übergang zu flexiblen Wechselkursen von Politikern und Ökonomen als ein grosser Fortschritt in der Inflationsbekämpfung gefeiert wurde, sind die Resultate dürftig. Nirgendwo wurde die Inflation beseitigt. Sie verlor nur etwas an Schwungkraft, und das aus einem höchst asozialen Grunde, der uns noch beschäftigen wird: Weil eine Vielzahl von meist kleinen Unternehmen, bevor sie endgültig pleite gingen, ihre Preise in Notverkäufen senkten.

Dafür erlebte die westliche Staatengemeinschaft eine Arbeitslosigkeit wie nie mehr seit Anfang der 30er Jahre. 1975 waren in den Mitgliedstaaten der Organisation für wirtschaftliche Zusammenarbeit und Entwicklung – OECD – (den westlichen Industrieländern Nordamerikas, Westeuropas und Japans) fast 14 Millionen Menschen ohne Arbeit, davon 8 Millionen in den Vereinigten Staaten, 5 Millionen in Westeuropa und über 1 Million in Japan. Die sozialen Folgen dieser Massenarbeitslosigkeit sind zwar nicht mehr so katastrophal wie vor 40 Jahren, weil das soziale Sicherheitsnetz dichter und engmaschiger geworden ist. Aber an der beschämenden Tatsache, dass diese Menschen unfreiwillig arbeitslos sind: arbeiten wollen und es nicht können, weil die Arbeitsplätze dafür fehlen, ändert das nichts.

Noch machen die Regierungen ihren Wählern weis, dass diese ungewohnte und politisch wie wirtschaftlich gleich unerträgliche Arbeitslosigkeit von der Inflation und ihren Folgen käme. Und natürlich von der Öl-Preis-Erpressung der OPEC-Staaten. Die Wahrheit ist: Sie kommt nicht von der Inflation, sondern ihrer falschen Bekämpfung. Die durch das Floaten abgeschirmte Anti-Inflationspolitik der Nationalstaaten hat Wohlfahrtsverluste erzeugt, die in keinem vernünftigen Verhältnis zu ihren mageren Stabilitätsgewinnen stehen. Die sozialen Kosten der Inflationsbekämpfung sind höher, als sie ein Fortwuchern der Inflation, genauer: einer Mehrinflation von 1 bis 2 Prozent pro Jahr – trotz ihrer schädlichen Konsequenzen für alte Menschen – hätte hervorrufen können. Es wäre billiger gewesen, auch noch diese 1 bis 2 Prozent Mehrinflation zu ertragen, als sie auf diese Weise zu bekämpfen.

Wenn eine Politik so offenkundig scheitert wie die angeblich wieder handlungsfähig gewordene Währungspolitik der Post-Bretton-Woods-Aera[1], muss das nicht unbedingt bedeuten, dass sie mit zu schwacher Medizin oder mangelnder Konsequenz durchgeführt wurde – wie Oppositionen jeweils ihren Regierungen vorzuwerfen pflegen. Die Ursache des Scheiterns kann in einer falschen Diagnose der Inflationsgründe liegen. In den westlichen Analyse-Werkstätten und ministeriellen Amtsstuben dominiert – wie wir schon sahen – vierzig Jahre nach Keynes immer noch seine Nachfrage-Überhangs-Theorie der Inflation: Inflation besteht stets darin, dass ein als real gedachtes Sozialprodukt, das man sich kurioserweise in den fiktiven Preisen eines längst vergangenen Jahres vorstellt, hinter der Summe der Geldausgaben für Konsum, Investition und Export zurückbleibt. Die relativ zu dem verfügbaren Angebot an Gütern und

[1] siehe Fachwörterverzeichnis

Dienstleistungen zu grossen Geldausgaben treiben die Preise und die Preiserhöhungs-Spielräume. Die Preissteigerungen produzieren Kostendruck, und die Preiserhöhungs-Spielräume erlauben gleichzeitig, den Kostendruck abzuwälzen, so dass sich ‹dank› des Nachfrage-Überhanges die Preisspirale, ohne Widerstand zu finden, weiterdrehen kann.

Der Prozess läuft national und international ab: Der Spitzenreiter in Sachen Inflation reisst über seine Importüberschüsse, die die Exportüberschüsse anderer Länder sind, vor allem über seine Zahlungsbilanzdefizite, die die Liquidität der übrigen Partner anreichern, nach und nach alle anderen in ‹seinen› Inflationssog hinein. Besonders wenn es sich um eine ‹economie dominante›[1] (dominierende Wirtschaft, z.B. diejenige der USA oder der BRD) handelt, deren Währung Reservecharakter hat und von anderen Ländern angekauft wird.

Jahrelang boten die USA ein Paradebeispiel für die Richtigkeit dieser Theorie: Das amerikanische Zahlungsbilanzdefizit schmierte den monetären Nachfragemechanismus aller anderen westlichen Industrienationen. Die USA importierten zu viele Güter, exportierten noch mehr Liquidität und verstärkten damit das Geldmengen-Wachstum der ganzen Welt. Das wiederum hatte zur Folge, dass weltweit die Zinsen nie jenes Abschreckungsniveau erreichen konnten, das zur Erhaltung der Geldwert-Stabilität notwendig gewesen wäre. Hohe Zahlungsbilanz-Überschüsse, ansehnliche Gewinne im Exportgeschäft und eine gute Liquidität heizen überall ausserhalb der USA die Konjunkturen an und produzierten Inflationsraten, die sogar noch über denen des Vorreiters USA lagen.

Diese Theorie war nicht nur deswegen so populär, weil sie mit den überkommenen Lehrbuchvorstellungen übereinstimmte, sondern weil sie auch politisch brauchbar war: Dass man die Inflation oder jedenfalls ihren

[1] dominierende Wirtschaft (z.B. diejenige der USA oder der BRD)

ersten Anstoss als importiert, nicht ‹hausgemacht› hinstellen konnte, entlastete die Politiker und bot einen veritablen Sündenbock: die USA, den Vietnam-Krieg und die Folgen.

Wäre diese Angebot-Nachfrage-Theorie richtig, hätte die auf ihr aufbauende – naive – Therapie, die Übernachfrage so lange zu beschneiden, bis Angebot und Nachfrage wieder im Gleichgewicht sind, längst Erfolg haben müssen. Mindestens seit der Aufgabe des Bretton-Woods-Systems[1] fester Wechselkurse, denn seit 1973 wird in allen westlichen Industrieländern, am strengsten aber in der BRD und den USA gemäss diesem Konzept Liquidität nicht mehr importiert, sondern durch die nationale Wirtschafts- und Währungspolitik nach strengen Massstäben rationiert. Seitdem erreichten die Zinssätze mit 15 und mehr Prozent jährlich zeitweilig ein seit Antike und Mittelalter nicht mehr gekanntes Höchst-Niveau, und die den Inflationsprozess keynesianischer Prägung hauptsächlich treibenden Faktoren – Gewinne und Neuinvestitionen – gingen aufgrund dieser harten monetären[1] Bedingungen in allen westlichen Industrienationen zurück. Dennoch blieben uns Preiserhöhungen und Kostendruck erhalten, bis schliesslich der Kostendruck die Möglichkeiten der Preiserhöhungen überstieg, Gewinne in Verluste umwandelte und die Hochkonjunktur in eine weltweite Depression umschlagen liess.»

[1] siehe Fachwörterverzeichnis

Fachwörterverzeichnis

		Seite
Arbitragegeschäft	Ausnutzung von örtlichen und regionalen Zinsdifferenzen zu einem bestimmten Zeitpunkt, z.B. die Bank A nimmt Geld an, das sie zu 3% verzinst und gibt es gleichzeitig für die gleiche Dauer an die Bank B zu einem Zins von 3¼%	30
Bewertungsreserven	Differenz zwischen dem Buchwert und dem effektiv höheren Wert eines Aktivums (z.B. Wertschriften)	54
Bretton-Woods-Abkommen	1944 wurde im Wintersportort Bretton Woods im US-Staat New Hampshire eine Weltwährungsordnung mit fixen Wechselkursen geschaffen und der Weltwährungsfonds (IWF oder auch IMF) gegründet	34, 71, 75, 77
competitive niveau	Konkurrenzebene	110
Deponent	Jemand, der etwas hinerlegt oder in Verwaltung gibt	29
Devisenbewirtschaftung	Die Devisen werden von einer staatlichen Stelle bewirtschaftet, d.h. der Exporteur muss sämtliche erhaltenen Devisen dem Staat abgeben und erhält dafür den Gegenwert in seiner Landeswährung; der Importeur muss für Devisenzuteilungen ein Gesuch an den Staat stellen. Das gleiche gilt für Kapitalimporte und -exporte, wobei in vielen Ländern für Warenimporte und -exporte ein etwas besserer Kurs gilt als für Kapitalimporte und -exporte (gespaltener Kurs)	36, 69, 82, 86
Devisenhandel	Handel mit fremdem Buchgeld, d.h. eine Bank kauft und verkauft US-Dollar, D-Mark, Gulden, Kronen, Pfund, Lira, etc.	30

Dotationskapital	Ausstattung mit einem bestimmten Kapital	53
Effektengeschäft	Handel mit Wertpapieren (Obligationen und Aktien), meist an der Börse	29
Emissionssyndikat	Verschiedene Banken gründen durch einen Vertrag ein Syndikat (einfache Gesellschaft), das Wertpapiere ausgibt	29
Ertragsbilanz	Die Ertragsbilanz ist eine Statistik, die alle sichtbaren und unsichtbaren Summen aller Ein- und Ausfuhren von Waren, Dienstleistungen, wie Fremdenverkehr, Versicherungen, Transporte, etc., Kapitalerträge, u.a.m., umfasst. Nicht enthalten sind die ein- und ausgehenden Kapital- und Geldflüsse. Diese erscheinen dann in der Zahlungsbilanz	30, 67
Euroanleihe	Ausgabe von Obligationen, die keiner staatlichen Kontrolle unterstehen, in einer oder verschiedenen Landeswährungen in verschiedenen europäischen Ländern	29
Eurobondmarkt	Ein europäischer, nicht staatlich kontrollierter Obligationenmarkt	29
Euro-Frankendepot	Schweizerfrankenguthaben in einer ausländischen Bank, die dem Einflussbereich der Schweizerischen Nationalbank entzogen sind	74
Euromarkt	Ein grenzüberschreitender, nicht staatlich kontrollierter, den Gesetzen von Angebot und Nachfrage gehorchender Geld- und Kapitalmarkt	28
Exportgewichteter Aufwertungssatz	Die prozentuale Aufwertung seit April 1971 zu den wichtigsten Währungen derjenigen Länder, die von der Schweiz Waren beziehen im Verhältnis der Summe ihrer Bezüge zum Gesamtexport	34

Fed	Abkürzung für Federal Reserve Bank	56
Federal Reserve Bank	Zentralbank der Vereinigten Staaten von Amerika	56
Floating	Der Kurs einer Währung schwankt frei gegenüber den Kursen anderer Währungen (Gegensatz zu fixen Wechselkursen)	66, 96, 107
Fondsquoten	Anteil aus IWF-Anleihen	81
Gold-Devisen-Standard	Die Währungskurse der westlichen Länder wurden zum Gold fixiert und das sich im Umlauf befindende Geld musste zu einem bestimmten Prozentsatz mit Gold gedeckt sein. Die Zahlungen von einem Land an das andere konnten entweder in Devisen oder Gold erfolgen	71
Goldpool	Vertrag zwischen verschiedenen Banken oder bankähnlichen Unternehmungen zum gemeinsamen Ankauf oder Verkauf von Gold	30
IFS	Statistik des Internationalen Währungsfonds	20
IWF oder IMF	Internationaler Währungsfonds	20
Investor	Kapitalanleger	81
Kassenmarkt	Bargeldmarkt, allgemeine Liquidität	45
Know-how	Das Wissen um die praktische Verwirklichung einer Sache	28
Konvertibilität Konvertierbarkeit	Möglichkeit des freien Austausches der eigenen oder fremden Währung gegen eine andere Währung, ohne Staatseingriffe	39, 66, 69, 71, 80, 86, 87, 108, 109
Kurvenkonvergenz	Annäherung oder Zusammenlaufen der Kurven	101
Liquidation von Dollarpositionen	Umwandlung von Dollarguthaben oder -schulden (Positionen) in andere Währungen	45
Monetär	Geldlich	27, 54

Negativzins	Anstelle der üblichen Zinsvergütung muss vom Kapital ein Abzug gemacht (Kapitalverminderung) und der Nationalbank abgeliefert werden	26, 39
Notes-Emission	nicht öffentlich ausgegebene mittelfristige Schuldverschreibungen mit Laufzeiten von 3-7 Jahren	29
Offenmarktoperationen	Die Nationalbank kauft oder verkauft am offenen Markt – wie irgend ein Dritter – z.B. Devisen (Zweck: Steuerung der Geldmenge)	43
Post-Bretton-Woods-Aera	Periode nach Aufhebung des Woods-Abkommens	82
Repatriierung	Im Ausland investierte Gelder wieder in die Schweiz zurück nehmen und in Schweizerfranken umwechseln	44
Smithsonian	Eine Institution zur Förderung aller Gebiete der Wissenschaft in den USA	72
Sonderziehungsrechte	Das Recht eines Landes, unter bestimmten Bedingungen beim IWF einen Kredit zu beanspruchen	72, 109
Sterilisierungsreskriptionen	Stillgelegte Schatzanweisungen des Bundes	43
Swap-Operationen	Devisenaustauschgeschäfte	52
Trade by Commodities	Handel mit Gebrauchsartikeln	100
Transaktionsvolumen	Umfang der finanziellen Geschäfte eines Unternehmens	29
Ungedeckte Positionen	Kauf von anderen Währungen auf Kredit, ohne dass der Käufer über die nötigen Eigenmittel verfügt	46
Universalbanken	Banken, die alle üblichen Bankgeschäfte (auch internationale) tätigen	28

Tabellenverzeichnis

Seite

Bilanzsummenvergleich aller Banken in den Vereinigten Staaten von Amerika, in der Bundesrepublik Deutschland und in der Schweiz	24
Bewilligte Frankenexporte ins Ausland	32
Verflechtungen der schweizerischen Grossbanken mit dem Ausland und Auslandbanken mit der Schweiz	33
Exportgewichtete Aufwertungssätze des Schweizerfrankens 1974 und 1975	34
Jährliche Summen der schweizerischen Handelsbilanz von 1886 bis 1975	48
Teuerung der Schweizerware in vier wichtigen Abnehmerländern durch die Inflation in der Schweiz und durch das ständige Ansteigen des Schweizerfrankens vom 1. Januar 1971 bis 1. Januar 1976	89
Vergleich des Bestellungseinganges und des Umsatzes zwischen dem 3. Quartal 1974 und dem 3. Quartal 1975	93
Gesamtausfuhr 1974 und 1975 nach Industriebranchen	104
Arbeitslosigkeit, Konkurse und Exportvolumen 1935–39	110

Literatur-Verzeichnis

Bähler Samuel:	Die Entstehung der Arbeitslosigkeit
Brauchli Werner:	Das Phänomen der Stagflation
	Verlag Rüegger, Diessenhofen
Felder Karl:	Die Schweizerische Nationalbank
	Auftrag und Instrumentarium
	NZZ-Schriften zur Zeit 35
Greul Robert Dr.:	Die Lateinische Münz-Union
Gsell E. Prof. Dr.:	Betriebswirtschaftslehre
	III Der Bankbetrieb und die Effektenbörse
Halm Georg N.:	Probleme der internationalen Geldreform
	Verlag Duncker & Humblot, Berlin
Hankel Wilhelm:	Der Ausweg aus der Krise
	Econ Verlag
Hochschule St. Gallen:	Abdeckung der Wechselkursrisiken beim Aussenhandelsgeschäft
	Verlag moderne industrie, Zürich
Klügl Paul Dr.:	Die Rolle der Termingelder bei der Geldbeschaffung
	Schulthess Polygraphischer Verlag Zürich
Liefmann Robert Dr.:	Vom Reichtum der Nationen
NZZ – Schriften zur Zeit:	Feuertaufe für das Floating
	Praktische Erfahrungen mit flexiblen Wechselkursen
Schmid Werner:	Die Geschichte des Schweizerfrankens
	Verlag Paul Haupt Bern
Schweizerische Bankgesellschaft	– Ein Vierteljahrhundert Bundesfinanzen, Juli 196?
	– Schweiz. Wirtschaftsentwicklung 1939–1964
	– Gedanken zu heute und morgen 1970
	– Das Währungssystem in der Krise 1971
	– Nach dem Realignement der Währungen von Dr. Max Iklé 1972
	– «Wirtschaftsnotizen» versch.
Schweizerische Kreditanstalt:	Bulletin versch.
Schweizerische Volksbank:	Geld und Wirtschaft
Trimborn Wilhelm Dr.:	Der Weltwährungsgedanke
Wirth Max:	Die Geschichte der Handelskrisen

**Die erste populäre Wirtschaftsliteratur
von weltweiter Bedeutung;
ein Stück Wirtschaftsgeschichte,
wie sie noch nie geschrieben wurde!**

**Umfassend, kompetent und meisterhaft
geschrieben!
340 Seiten, Leinen, DM/SFr. 29.80**

ISBN 3-85826-001-0